心一堂術數古籍珍本叢刊

書名：大六壬指南（清初木刻五卷足本）
系列：心一堂術數古籍珍本叢刊　三式類　六壬系列　第二輯　227
作者：【清】陳公獻、【清】莊公遠撰，【清】程翔雲輯
主編、責任編輯：陳劍聰
心一堂術數古籍珍本叢刊編校小組：陳劍聰　素聞　梁松盛　鄒偉才　虛白盧主

出版：心一堂有限公司
通訊地址：香港九龍旺角彌敦道六一〇號荷李活商業中心十八樓〇五—〇六室
深港讀者服務中心‧中國深圳市羅湖區立新路六號羅湖商業大廈負一層〇〇八室
電話號碼：(852)67150840
網址：publish.sunyata.cc
電郵：sunyatabook@gmail.com
網店：http://book.sunyata.cc
淘寶店地址：https://shop210782774.taobao.com
微店地址：https://weidian.com/s/1212826297
臉書：https://www.facebook.com/sunyatabook
讀者論壇：http://bbs.sunyata.cc/

版次：二零一六年八月初版
平裝

港幣　三百六十八元正
定價：人民幣　三百六十八元正
新台幣　一千五百八十八元正

國際書號：ISBN 978-988-8317-27-1

香港發行：香港聯合書刊物流有限公司
地址：香港新界大埔汀麗路36號中華商務印刷大廈3樓
電話號碼：(852)2150-2100
傳真號碼：(852)2407-3062
電郵：info@suplogistics.com.hk

台灣發行：秀威資訊科技股份有限公司
地址：台灣台北市內湖區瑞光路七十六巷六十五號一樓
電話號碼：+886-2-2796-3638
傳真號碼：+886-2-2796-1377
網絡書店：www.bodbooks.com.tw
台灣國家書店讀者服務中心：
地址：台灣台北市中山區松江路二〇九號一樓
電話號碼：+886-2-2518-0207
傳真號碼：+886-2-2518-0778
網絡書店：http://www.govbooks.com.tw

中國大陸發行　零售：深圳心一堂文化傳播有限公司
深圳地址：深圳市羅湖區立新路六號羅湖商業大廈負一層〇〇八室
電話號碼：(86)0755-82224934

心一堂微店二維碼

心一堂淘寶店二維碼

心一堂術數古籍 珍本 整理 叢刊 總序

術數定義

術數，大概可謂以「推算（推演）、預測人（個人、群體、國家等）、事、物、自然現象、時間、空間方位等規律及氣數，並或通過種種『方術』，從而達致趨吉避凶或某種特定目的」之知識體系和方法。

術數類別

我國術數的內容類別，歷代不盡相同，例如《漢書・藝文志》中載，漢代術數有六類：天文、曆譜、五行、蓍龜、雜占、形法。至清代《四庫全書》，術數類則有：數學、占候、相宅相墓、占卜、命書、相書、陰陽五行、雜技術等，其他如《後漢書・方術部》、《藝文類聚・方術部》、《太平御覽・方術部》等，對於術數的分類，皆有差異。古代多把天文、曆譜、及部分數學均歸入術數類，而民間流行亦視傳統醫學作為術數的一環；此外，有些術數與宗教中的方術亦往往難以分開。現代民間則常將各種術數歸納為五大類別：命、卜、相、醫、山，通稱「五術」。

本叢刊在《四庫全書》的分類基礎上，將術數分為九大類別：占筮、星命、相術、堪輿、選擇、三式、讖諱、理數（陰陽五行）、雜術（其他）。而未收天文、曆譜、算術、宗教方術、醫學。

術數思想與發展——從術到學，乃至合道

我國術數是由上古的占星、卜筮、形法等術發展下來的。其中卜筮之術，是歷經夏商周三代而通過「龜卜、蓍筮」得出卜（筮）辭的一種預測（吉凶成敗）術，之後歸納並結集成書，此即現傳之《易

經》。經過春秋戰國至秦漢之際，受到當時諸子百家的影響、儒家的推崇，遂有《易傳》等的出現，原本是卜筮術書的《易經》，被提升及解讀成有包涵「天地之道（理）」之學。因此，《易．繫辭傳》曰：「易與天地準，故能彌綸天地之道。」

漢代以後，易學中的陰陽學說，與五行、九宮、干支、氣運、災變、律曆、卦氣、讖緯、天人感應說等相結合，形成易學中象數系統。而其他原與《易經》本來沒有關係的術數，如占星、形法、選擇，亦漸漸以易理（象數學說）為依歸。《四庫全書．易類小序》云：「術數之興，多在秦漢以後。要其旨，不出乎陰陽五行，生尅制化。實皆《易》之支派，傳以雜說耳。」至此，術數可謂已由「術」發展成「學」。

及至宋代，術數理論與理學中的河圖洛書、太極圖、邵雍先天之學及皇極經世等學說給合，通過術數以演繹理學中「天地中有一太極，萬物中各有一太極」（《朱子語類》）的思想。術數理論不單已發展至十分成熟，而且也從其學理中衍生一些新的方法或理論，如《梅花易數》、《河洛理數》等。

在傳統上，術數功能往往不止於僅僅作為趨吉避凶的方術，及「能彌綸天地之道」的學問，亦有其「修心養性」的功能，「與道合一」（修道）的內涵。《素問．上古天真論》：「上古之人，其知道者，法於陰陽，和於術數。」數之意義，不單是外在的算數、歷數、氣數，而是與理學中同等的「道」、「理」——心性的功能，北宋理氣家邵雍對此多有發揮：「聖人之心，是亦數也」、「萬化萬事生乎心」、「心為太極」。《觀物外篇》：「先天之學，心法也。……蓋天地萬物之理，盡在其中矣，心一而不分，則能應萬物。」反過來說，宋代的術數理論，受到當時理學、佛道及宋易影響，認為心性本質上是等同天地之太極。天地萬物氣數規律，能通過內觀自心而有所感知，即是內心也已具備有術數的推演及預測、感知能力；相傳是邵雍所創之《梅花易數》，便是在這樣的背景下誕生。

《易．文言傳》已有「積善之家，必有餘慶；積不善之家，必有餘殃」之說，至漢代流行的災變說及讖緯說，我國數千年來都認為天災，異常天象（自然現象），皆與一國或一地的施政者失德有關；下至家族、個人之盛衰，也都與一族一人之德行修養有關。因此，我國術數中除了吉凶盛衰理數之外，人心的德行修養，也是趨吉避凶的一個關鍵因素。

術數與宗教、修道

在這種思想之下，我國術數不單只是附屬於巫術或宗教行為的方術，又往往是一種宗教的修煉手段--通過術數，以知陰陽，乃至合陰陽（道）。「其知道者，法於陰陽，和於術數。」例如，「奇門遁甲」術中，即分為「術奇門」與「法奇門」兩大類。「法奇門」中有大量道教中符籙、手印、存想、內煉的內容，是道教內丹外法的一種重要外法修煉體系。甚至在雷法一系的修煉上，亦大量應用了術數內容。此外，相術、堪輿術中也有修煉望氣（氣的形狀、顏色）的方法；堪輿家除了選擇陰陽宅之吉凶外，也有道教中選擇適合修道環境（法、財、侶、地中的地）的方法，以至通過堪輿術觀察天地山川陰陽之氣，亦成為領悟陰陽金丹大道的一途。

易學體系以外的術數與的少數民族的術數

我國術數中，也有不用或不全用易理作為其理論依據的，如揚雄的《太玄》、司馬光的《潛虛》。也有一些占卜法、雜術不屬於《易經》系統，不過對後世影響較少而已。

外來宗教及少數民族中也有不少雖受漢文化影響（如陰陽、五行、二十八宿等學說。）但仍自成系統的術數，如古代的西夏、突厥、吐魯番等占卜及星占術，藏族中有多種藏傳佛教占卜術、苯教占卜術、擇吉術、推命術、相術等；北方少數民族有薩滿教占卜術；不少少數民族如水族、白族、布朗族、佤族、彝族、苗族等，皆有占雞（卦）草卜、雞蛋卜等術，納西族的占星術、占卜術，彝族畢摩的推命術、占卜術……等等，都是屬於《易經》體系以外的術數。相對上，外國傳入的術數以及其理論，對我國術數影響更大。

曆法、推步術與外來術數的影響

我國的術數與曆法的關係非常緊密。早期的術數中，很多是利用星宿或星宿組合的位置（如某星在某州或某宮某度）付予某種吉凶意義，并據之以推演，例如歲星（木星）、月將（某月太陽所躔之宮次）等。不過，由於不同的古代曆法推步的誤差及歲差的問題，若干年後，其術數所用之星辰的位置，已與真實星辰的位置不一樣了；此如歲星（木星），早期的曆法及術數以十二年為一周期（以應地支），與木星真實周期十一點八六年，每幾十年便錯一宮。後來術家又設一「太歲」的假想星體來解決，是歲星運行的相反，週期亦剛好是十二年。而術數中的神煞，很多即是根據太歲的位置而定。又如六壬術中的「月將」，原是立春節氣後太陽躔娵訾之次而稱作「登明亥將」，至宋代，因歲差的關係，要到雨水節氣後太陽才躔娵訾之次，當時沈括提出了修正，但明清時六壬術中「月將」仍然沿用宋代沈括修正的起法沒有再修正。

由於以真實星象周期的推步術是非常繁複，而且古代星象推步術本身亦有不少誤差，大多數術數除依曆書保留了太陽（節氣）、太陰（月相）的簡單宮次計算外，漸漸形成根據干支、日月等的各自起例，以起出其他具有不同含義的眾多假想星象及神煞系統。唐宋以後，我國絕大部分術數都主要沿用這一系統，也出現了不少完全脫離真實星象的術數，如《子平術》、《紫微斗數》、《鐵版神數》等。後來就連一些利用真實星辰位置的術數，如《七政四餘術》及選擇法中的《天星選擇》，也已與假想星象及神煞混合而使用了。

隨着古代外國曆（推步）、術數的傳入，如唐代傳入的印度曆法及術數，元代傳入的回回曆等，其中我國占星術便吸收了印度占星術中羅睺星、計都星等而形成四餘星，又通過阿拉伯占星術而吸收了其中來自希臘、巴比倫占星術的黃道十二宮、四大（四元素）學說（地、水、火、風），並與我國傳統的二十八宿、五行說、神煞系統並存而形成《七政四餘術》。此外，一些術數中的北斗星名，不用我國傳統的星名：天樞、天璇、天璣、天權、玉衡、開陽、搖光，而是使用來自印度梵文所譯的：貪狼、巨門、祿存、文曲，廉貞、武曲、破軍等，此明顯是受到唐代從印度傳入的曆法及占星術所影響。如星命術中的《紫微斗數》及堪輿術中的《撼龍經》等文獻中，其星皆用印度譯名。及至清初《時憲曆》，置閏之法則改用西法「定氣」。清代以後的術數，又作過不少的調整。

此外，我國相術中的面相術、手相術，唐宋之際受印度相術影響頗大，至民國初年，又通過翻譯歐西、日本的相術書籍而大量吸收歐西相術的內容，形成了現代我國坊間流行的新式相術。

陰陽學——術數在古代、官方管理及外國的影響

術數在古代社會中一直扮演着一個非常重要的角色，影響層面不單只是某一階層、某一職業、某一年齡的人，而是上自帝王，下至普通百姓，從出生到死亡，不論是生活上的小事如洗髮、出行等，大事如建房、入伙、出兵等，從個人、家族以至國家，從天文、氣象、地理到人事、軍事，從民俗、學術到宗教，都離不開術數的應用。我國最晚在唐代開始，已把以上術數之學，稱作陰陽（學），行術數者稱陰陽人。（敦煌文書、斯四三二七唐《師師漫語話》：「以下說陰陽人謾語話」，此說法後來傳入日本，今日本人稱行術數者為「陰陽師」）。一直到了清末，欽天監中負責陰陽術數的官員中，以及民間術數之士，仍名陰陽生。

古代政府的中欽天監（司天監），除了負責天文、曆法、輿地之外，亦精通其他如星占、選擇、堪輿等術數，除在皇室人員及朝庭中應用外，也定期頒行日書、修定術數，使民間對於天文、日曆用事吉凶及使用其他術數時，有所依從。

我國古代政府對官方及民間陰陽學及陰陽官員，從其內容、人員的選拔、培訓、認證、考核、律法監管等，都有制度。至明清兩代，其制度更為完善、嚴格。

宋代官學之中，課程中已有陰陽學及其考試的內容。（宋徽宗崇寧三年〔一一零四年〕崇寧算學令：「諸學生習……並曆算、三式、天文書。」「諸試……三式即射覆及預占三日陰陽風雨。天文即預

定一月或一季分野災祥，並以依經備草合問為通。」

金代司天臺，從民間「草澤人」（即民間習術數人士）考試選拔：「其試之制，以《宣明曆》試推步，及《婚書》、《地理新書》試合婚、安葬，並《易》筮法，六壬課、三命、五星之術。」（《金史》卷五十一・志第三十二・選舉一）

元代為進一步加強官方陰陽學對民間的影響、管理、控制及培育，除沿襲宋代、金代在司天監掌管陰陽學及中央的官學陰陽學課程之外，更在地方上增設陰陽學課程（《元史・選舉志一》：「世祖至元二十八年夏六月始置諸路陰陽學。」）地方上也設陰陽學教授員，培育及管轄地方陰陽人。（《元史・選舉志一》：「（元仁宗）延祐初，令陰陽人依儒醫例，於路、府、州設教授員，凡陰陽人皆管轄之，而上屬於太史焉。」）自此，民間的陰陽術士（陰陽人），被納入官方的管轄之下。

至明清兩代，陰陽學制度更為完善。中央欽天監掌管陰陽學，明代地方縣設陰陽學正術，各州設陰陽學典術，各縣設陰陽學訓術。陰陽人從地方陰陽學肆業或被選拔出來後，再送到欽天監考試。（《大明會典》卷二二三：「凡天下府州縣舉到陰陽人堪任正術等官者，俱從吏部送（欽天監），考中，送回選用；不中者發回原籍為民，原保官吏治罪。」）清代大致沿用明制，凡陰陽術數之流，悉歸中央欽天監及地方陰陽官員管理、培訓、認證。至今尚有「紹興府陰陽印」、「東光縣陰陽學記」等明代銅印，及某某縣某某之清代陰陽執照等傳世。

清代欽天監漏刻科對官員要求甚為嚴格。《大清會典》「國子監」規定：「凡算學之教，設肄業生。滿洲十有二人，蒙古、漢軍各六人，於各旗官學內考取。漢十有二人，於舉人、貢監生童內考取。附學生二十四人，由欽天監選送。教以天文演算法諸書，五年學業有成，舉人引見以欽天監博士用，貢監生童以天文生補用。」學生在官學肄業、貢監生肄業或考得舉人後，經過了五年對天文、算法、陰陽學的學習，其中精通陰陽術數者，會送往漏刻科。而在欽天監供職的官員，《大清會典則例》「欽天監」規定：「本監官生三年考核一次，術業精通者，保題升用。不及者，停其升轉，再加學習。如能黽勉供職，即予開復。仍不及者，降職一等，再令學習三年，能習熟者，准予開復，仍不能者，黜退。」除定期考核以定其升用降職外，《大清律例》中對陰陽術士不準確的推斷（妄言禍福）是要治罪的。《大清律例・一七八・術七・妄言禍福》：「凡陰陽術士，不許於大小文武官員之家妄言禍福，違者杖一百。其依經推算星命卜課，不在禁限。」大小文武官員延請的陰陽術士，自然是以欽天監漏刻科官員或地方陰陽官員為主。

官方陰陽學制度也影響鄰國如朝鮮、日本、越南等地，一直到了民國時期，鄰國仍然沿用着我國的多種術數。而我國的漢族術數，在古代甚至影響遍及西夏、突厥、吐蕃、阿拉伯、印度、東南亞諸國。

術數研究

術數在我國古代社會雖然影響深遠，「是傳統中國理念中的一門科學，從傳統的陰陽、五行、九宮、八卦、河圖、洛書等觀念作大自然的研究。……傳統中國的天文學、數學、煉丹術等，要到上世紀中葉始受世界學者肯定。可是，術數還未受到應得的注意。術數在傳統中國科技史、思想史，文化史、社會史，甚至軍事史都有一定的影響。……更進一步了解術數，我們將更能了解中國歷史的全貌。」（何丙郁《術數、天文與醫學中國科技史的新視野》，香港城市大學中國文化中心。）

可是術數至今一直不受正統學界所重視，加上術家藏秘自珍，又揚言天機不可洩漏，「（術數）乃吾國科學與哲學融貫而成一種學說，數千年來傳衍嬗變，或隱或現，全賴一二有心人為之繼續維繫，賴以不絕，其中確有學術上研究之價值，非徒癡人說夢，荒誕不經之謂也。其所以至今不能在科學中成立一種地位者，實有數因。蓋古代士大夫階級目醫卜星相為九流之學，多恥道之；而發明諸大師又故為惝恍迷離之辭，以待後人探索；間有一二賢者有所發明，亦秘莫如深，既恐洩天地之秘，復恐譏為旁門左道，始終不肯公開研究，成立一有系統說明之書籍，貽之後世。故居今日而欲研究此種學術，實一極困難之事。」（民國徐樂吾《子平真詮評註》，方重審序）

現存的術數古籍，除極少數是唐、宋、元的版本外，絕大多數是明、清兩代的版本。其內容也主要是明、清兩代流行的術數，唐宋或以前的術數及其書籍，大部分均已失傳，只能從史料記載、出土文獻、敦煌遺書中稍窺一鱗半爪。

術數版本

坊間術數古籍版本，大多是晚清書坊之翻刻本及民國書賈之重排本，其中豕亥魚魯，或任意增刪，往往文意全非，以至不能卒讀。現今不論是術數愛好者，還是民俗、史學、社會、文化、版本等學術研究者，要想得一常見術數書籍的善本、原版，已經非常困難，更遑論如稿本、鈔本、孤本等珍稀版本。在文獻不足及缺乏善本的情況下，要想對術數的源流、理法、及其影響，作全面深入的研究，幾不可能。

有見及此，本叢刊編校小組經多年努力及多方協助，在海內外搜羅了二十世紀六十年代以前漢文為主的術數類善本、珍本、鈔本、孤本、稿本、批校本等數百種，精選出其中最佳版本，分別輯入兩個系列：

一、心一堂術數古籍珍本叢刊

二、心一堂術數古籍整理叢刊

前者以最新數碼（數位）技術清理、修復珍本原本的版面，更正明顯的錯訛，部分善本更以原色彩色精印，務求更勝原本。并以每百多種珍本、一百二十冊為一輯，分輯出版，以饗讀者。

後者延請、稿約有關專家、學者，以善本、珍本等作底本，參以其他版本，古籍進行審定、校勘、注釋，務求打造一最善版本，方便現代人閱讀、理解、研究等之用。

限於編校小組的水平，版本選擇及考證、文字修正、提要內容等方面，恐有疏漏及舛誤之處，懇請方家不吝指正。

心一堂術數古籍 珍本 整理 叢刊編校小組

二零零九年七月序

二零一四年九月第三次修訂

乾隆庚戌重鐫

陳公獻先生手著

程翔雲先生鑒定

內

附 羅盤車轉圖

大六壬指南

心印增註　指掌增註　峻正神煞

六壬會纂　六壬占驗

三德堂藏版

六壬指南敘

世之談壬式者靡不盲聆神詰口吐長訶肰徵異應驗不爽䠬轢相左焉余潛心此術幾二十載恒嘆其與鄉難鳳雞占斷此後頗有奇中亥卯未獲異人指點嵩歎凡君子

至斯未嘗不造庭梱謁叩其所蘊
庚寅仲春因訪公獻陳君於邦上
公獻縱口所譚發本於理以致每
事應如左券肰洵當今之管郭儔
訳之李袁詹欣因語之曰异其藏
出匱中霖寧縣之國門乎公獻出

唯唯爰簡占驗西餘條弁所着之分門會纂播諸棃棗其所增註先賢之必印指掌二賦易知簡賅要公遠莊君所著之神煞圖彝闢訛定誤皆指南捷徑依因合併梓公之同好亦吉凶同是之遺意云爾

噫斯術久湮絕學難繼神而明之則存乎其人矣

小引

余初習制舉業先大人諭以八股投時美鼓也然而窺天人奥崇帝王師非異書不爲功每有奇聞輙欣賞之以故閲九流陳言間廢寢食一日讀三式帙知自九天玄女爲蚩尤授之軒轅内六壬更饒繁劇非九年面壁莫鏡其源食精藴可以養性全身吐緒餘可以料敵知勝上六千百年周有子牙越有少伯漢有子房三國迄今僅蜀孔明青田而已豈尋常章句之士隨處不立人哉崇禎甲

中督師史元輔羽檄徵余再及而應置之禮賢前
席
題授中州司理取道淮陰得遺陳子公獻印證所
學相暵伯樂不常有也公獻以維揚將家子自祖
父及昆季文苑武虎著聲海內又生而膂勇耽習
奇技太公陰符諸篇以及黃老之術了然胸次向
請纓於大司馬王霽宇先生出門上書屯田畀卹
受任勞有成効忽為讒阻功志未竟識者惜之潛
究六壬寒暑不輟訪學燕京與涼松亭何半鶴二

公齊名縣是冠蓋問奇者百無虛晷縱口而譚無
不翩翩奇中好事者爲嘉賞分類纂編摘計百數
有奇乞以盡事之概外心印賦指掌賦爲之註解
更歷試諸經編成會纂一冊併付剞劂以廣其傳
加閱心鏡畢法五變中黃約而可徵管而能遠指
南提經無踰於此此此蓋迷津之筏夜行之炬也精
而研之理入牛毛響應桴皷又奚必泛求諸篇以
茲惑也耶特爲首引

今上元年仲夏穀旦南州吾弟周元曙龍隨氏題

於邪之蘿湖社

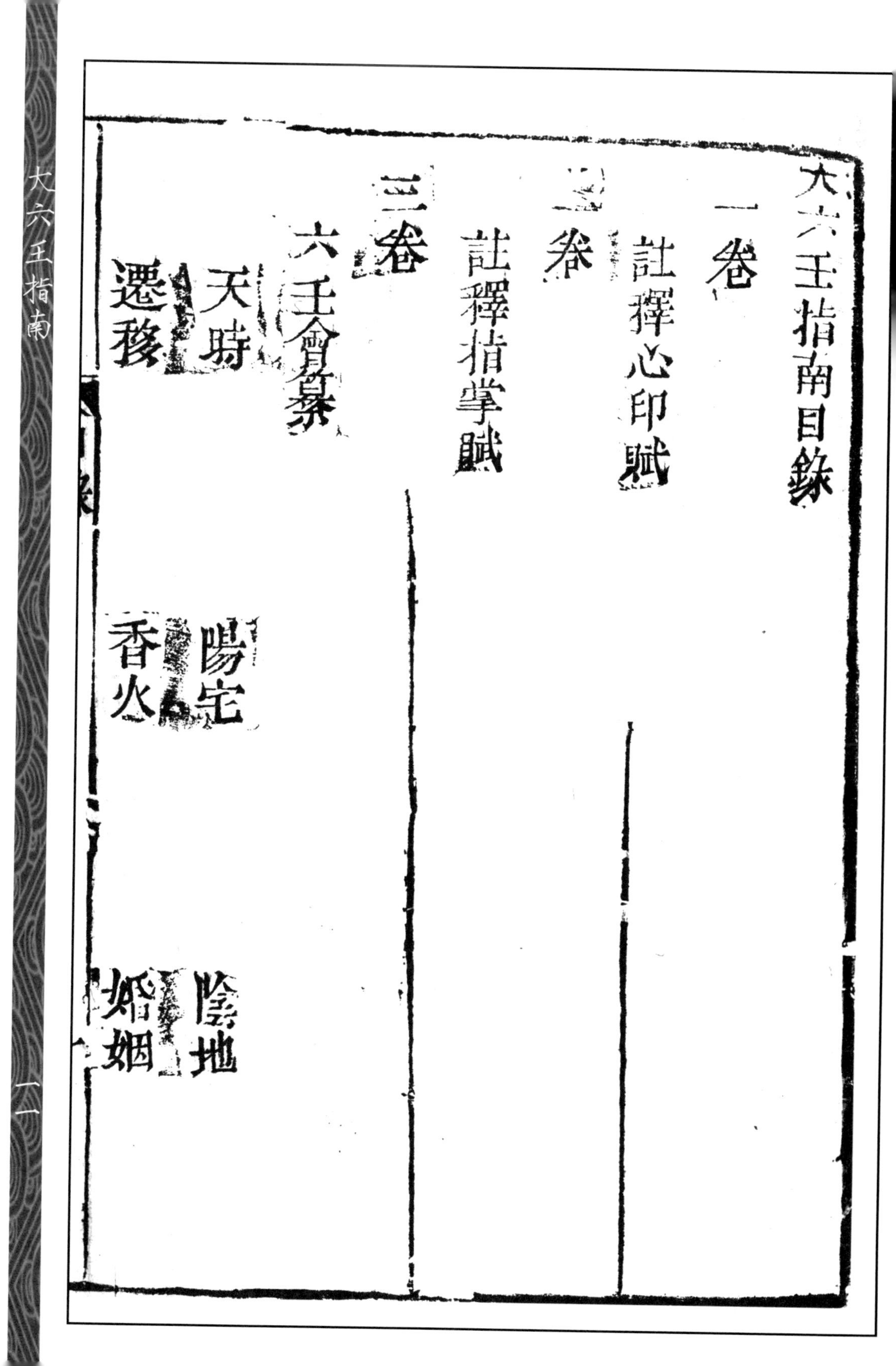

大六壬指南目錄

四卷

五卷

圖位　歲煞　月煞

句煞　干煞　支煞

辨訛

大六壬心印賦

新安程樹勳翔雲刪定
廣陵陳良謨公猷增註
古歙莊廣之公遠較正

六壬如人先明日辰

六壬運式先以日辰爲根本也日尊故曰天干辰卑故曰地支亥子丑應於北方寅卯辰應於東方巳午未應於南方申酉戌應於西方即地盤也天干者甲乙東方木丙丁南方火戊巳中央土庚辛西方金壬癸北方水入式之法

申課在寅乙課在辰丙戊課在巳丁己課在未庚課在申辛課在戌壬課在亥癸課在丑而不居卯午酉子者以正位不敢當故陽干居祿神所在而陰干居祿神前一位也

以月將加占時之上

月將即日宿太陽也正月雨水後日躔娵訾之次入亥宮乃登明將也二月春分後日躔降婁之次入戌宮乃河魁將也三月穀雨後日躔大梁之次入酉宮乃從魁將也四月小滿後日躔實沈之次入申宮乃傳送將也五月夏至後日躔鶉首之次入未宮乃小吉將也六月大暑後日躔

鶉火之次入午宮乃勝光將也七月處暑後日躔鶉尾之次入巳宮乃太乙將也八月秋分後日躔壽星之次入辰宮乃天罡將也九月霜降後日躔大火之次入卯宮乃太冲將也十月小雪後日躔析木之次入寅宮乃功曹將也十一月冬至後日躔星紀之次入丑宮乃大吉將也十二月大寒後日躔玄枵之次入子宮乃神后將也每以此值月之將而加來人所占之正時上順布十二宮辰即天盤也

假令正月雨水後日躔娵訾乃亥將登明也如午時則用

亥加午子加未順行十二辰是也餘倣此

視陰陽爲四課之分

天干陽也干上得者曰日干上陽神爲第一課乃陽中之陽也地支陰也支上得者曰辰支上陽神爲第三課乃陰中之陽也干上陰神爲第二課乃陽中之陰也支上陰神爲第四課乃陰中之陰也夫月將加時則無極而太極也加時而有天盤動而生陽地盤靜而生陰乃大極生兩儀也至於干支分而四課布非兩儀生四象乎故曰一陰一陽之謂道陰陽不測之謂神

賊克爲初用之始相因作中末之身

四象既布則八卦生矣四課陰陽既具須求三傳以爲發用則以四課上下審之若有一下克其上神者雖有二三之上克下不論矣名曰重審課若四課中並無下克惟一上神克下取而用之名曰元首課重審者重復審詳也元首者別無下克而亭亭然有首出庶物之象也俱以所得發用爲初傳以初傳地盤上所乘者爲中傳以中傳地盤上所乘者爲末傳故曰相因也

克多比用涉害

重審不過一下賊若四課中有二三四下賊者非審矣元首不過一上克若四課中有二三四上克者非首矣上克下曰克下克上曰賊今賊克紛紛則以甲丙戊庚壬爲陽日而用一子寅辰午申戌之神陽與陽比雖二三四陰勿論也若乙丁巳辛癸爲陰日而用一丑卯巳未酉亥之神陰與陰比雖二三四陽勿論也故曰比用也然又曰知一者何也葢陽知用一陽爻而不知有陰也陰知用一陰爻而不知有陽也　若夫陰日止用一陰今而有二陰三陰四陰矣陽日止用一陽今而有二陽三陽四陽矣則名之

曰涉害課先以寅申巳亥上乘之神爲用則涉之深而又名曰見機葢有害者不可不見機明哲保身之義也若孟神上無克賊則以子午卯酉上乘之神爲用此涉之淺而又名曰察微葢見於明者不可不究其精微履霜堅氷之意也其中末亦如賊克之相因

無克是以遥嗔

若四課上下全不相克賊則以日干爲主而與第二三四課上神相對較之若有一上神克日干者取以爲用名神遥克日曰蒿矢課以彼能遥傷於我而似矢也何以蒿名

之蓋上下相克力勇而有賊克之稱斯遥遠力綿雖克而猶蒿而已○若無克日干者則視日干遥克彼三上神矣若有一上神被日干克者取以爲用名曰遥克神曰彈射課以我能遥傷於彼而似射也何以彈名之蓋亦因其射遠力薄取象於彈丸而已○如有二克或克二者亦如比用之法三傳相因亦如賊克之例

夫昴星當俯仰於酉上

○若四課既無克而復無遥則爲昴星課蓋遥克力輕取象於蒿矢取象於彈況無遥克而獨天盤地盤之酉金作用其

力尤輕之至而應事則未免明之微矣故以酉中之昴星爲名言其明之微雖七星相聚非至明之目不能辨也陽日則取酉上所得之神爲發用有日將出而鷄鳴仰首之義也陰日則取酉下所得之神爲發用有日將暮而虎視俯首之義也陰則日作中傳辰作末傳陽則辰作中傳日作末傳不惟陰陽迭遷而終有返本之象也

若別責取干支之合神

如四課有首尾相同爲三課者有二三課相同爲三課者名曰不備言四課不全不完備也其不備課中無賊克無

遥克不可以昴星例取四課昴星三課別責也若陽日得之以天干之合位上乘者取爲用神合者甲巳乙庚丙辛丁壬戊癸六合也無陽尚有動用之機也若陰日得之以地支之三合前一位用之而不用乘神矣靜之機也三合前一位者如巳酉丑亥卯未酉日用丑丑日用巳未日用亥是也中末不問陰日陽日併以干上所乘者爲之

伏返以刑冲爲宗

若諸神歸於本位如子加子午加午之類乃伏吟之象也有克者取克不過癸乙二干而已無克者陽日自干上發

傳陰日自支上發傳迤逦三刑而爲三傳也若初傳值自刑則中傳陽日用支陰日用干仍取刑爲末傳也倘逢中傳自刑者末傳以冲神爲之矣夫刑有三者一字刑乃午刑午辰刑辰酉刑酉亥刑亥自刑也　二字刑乃卯刑子子刑卯也　三字刑乃丑刑戌戌刑未未刑丑也寅刑巳巳刑申申刑寅也　返吟乃子加午卯加酉丁二神各臨冲射之位也克之少者重審元首取之多則知一涉害取之三傳初末相同而冲乎中傳若夫丁未巳未辛未丁丑巳丑辛丑四課無克乃名無依以支神之井欄冲射上所

得之神以爲初用而日支所乘爲中傳日干所乘爲末傳

夫井欄者丑冲巳未冲亥也

入專以逆順爲眞

若干支同處一位則四課中止得二課矣有克仍從賊克

比用涉害三法取用無克不復取遥矣蓋遥者遠也干支

同位何遠耶止用八專之法而用之如陽日則順從干上

陽神得三而止陰日則逆從支上陰神得三而止是爲發

用也中末二傳槩用干上所乘神爲之

天乙居中後六前五

天乙乃貴人也此神居紫微垣之門主持上帝征伐以行令於人間應巳丑之土有止戈之武統馭十二神在天門之前地戶之後則順行若居地戶之前天門之後則逆行其神後有六位乃天空白虎太常玄武太陰天后也前有五位乃螣蛇朱雀六合勾陳青龍也

解紛必囑事於童僕

貴人居子名曰解紛言解除紛紜擾攘也葢子乃夜半安居之神故得解去紛擾而坦腹然既爲至貴日有萬幾雖非君象貴臣宰輔代天宣化事亦同天子之勞恐其繁蕪

脫漏故囑委於有用之童僕庶不負國瘼民矣

升堂宜投書於公府

貴人居丑曰升堂乃本位屬巳丑故也升堂則有泰山巖巖之象非可私干必欲見之宜持書或移文必以正大光明然後可於公堂府第見之

凭几可謁見於家

貴人居寅曰凭几蓋功曹乃案牘碎瑣之象貴人有暇必親於典籍也當此有可乘之機雖細務亦可相干可就私第謁之而非公堂之比也

登車宜訴詞於路

貴人居卯曰登車卯乃軒車之象旣升車則非私家又非公署若非急緊之事豈可唐突於貴人之前耶若訟被屈或遭豪暴非陳訴於有位之正人何得雪斯沉辱哉不得不俛於路而哀達其情也

巳午受貢兮君喜臣懽

貴人居巳居午曰受貢乃相生助而非不遂之方旣貢則以賤事貴以貴下賤君喜臣悅忘其授受之私貢者受者俱不越度之象也

辰戌懷怒令下憂上辱

貴人居辰曰天牢居戌曰地獄非法之地必非法之人而後入之何貴人而居此乎文王羑里亦莫非天所使耳在上者有此非常之辱則俯仰於彼者烏得不憂乎

移途則有求幹之榮

貴人居申曰移途蓋傳送乃道路之神貴人在道嬉戲遊衍之時也因而獲便以求其進用之私乘間而行必榮遂矣

列席則有酒筵之娛

貴人居未曰列席蓋未乃夜貴二貴相會貴入貴家故有

憂會之象托貴以干貴事無不還矣

還絳宮坦然安居

貴人居亥曰還絳宮又曰登天門此特六凶俱藏螣蛇朱雀之火而伏於水勾陳天空之土而伏於木白虎之金而伏於火玄武之水而伏於土且亥乃夜方日之勞擾者至此而坦然安居矣

入私室不遑寧處

貴人居酉曰入私室蓋酉為日月出入之門有私門之號也夫貴人達而在上致君澤民律身行已自當特以至公

難進易退若趨謁於私門則律己不正而猜嫌斷不容矣

豈進寧處耶

但見螣蛇驚疑擾亂

前一螣蛇乃丁巳火神也主火光驚疑憂恐怪異盜凶神

也以其離貴人前一位故曰前一也

掩目則無患無憂

螣蛇居子曰掩目不惟子水克螣蛇之巳火而居夜方有

掩目之象蟠伏棲息之時其凶焰無所施無患無憂矣

蟠龜則禍消福善

螣蛇居丑曰蟠龜蓋丑中有暗禽星龜也夫蛇與龜姤亦離坎交濟之象豈復有禍心於人哉是以禍消占者修善以立身斯福不窮也

生角露齒禍福兩途

螣蛇居寅曰生角蓋火生於寅榮旺之極化蛟化龍此為之基貪榮不禍是以為福

螣蛇居酉曰露齒蓋火制金鄉猖獗得志之地且金石空地無食彼蛇肆毒貪饕求口腹之計為禍豈淺得此者退藏於密可也

乘霧飛空休祥不辨

螣蛇居巳曰乘霧以霧爲隱雖毒目無所見毒不得肆身得此者仍宜避之蓋霧之蒙渋固目迷矣而我至此獨不迷哉倘悞犯之爲其所噬悔何及矣

螣蛇居午曰飛空以蛇飛空化龍化龕之象也彼有此大志始有此大爲豈復毒人縱彼不毒在我仍宜避之斯不失爲明哲

入林含鋒不可砍

螣蛇居未獨入林未乃木墓以土有木非林之象乎林麓

棲止既有所藏其穴必深雖有刀鋒無所施其利也彼螣蛇有此優游之樂必無肆禍之心占者無所忌矣然逢林有蛇還當莫入

墜水兮從心無患

螣蛇居亥曰墜水蛇能水居則隨波逐流魚蝦爲食似無橫路尋人之欲也在我則任其往返周旋豈不從心所欲哉

當門而嚙齧總是成災

螣蛇居卯曰當門卯乃日月之門蛇當門則出門即被其

害然有備者無害也得此者須爲之計則不待彼奮起而攻其不意若趨而不顧斯墮其害矣

螣蛇居申曰啣劒申金刃之象也金刃乃斬彼之物而胡爲彼所啣哉蓋火能克金得以猖獗逞妖啣劒益異且妖之象古得者惟退潛而避之彼凶不能久妖氣息而吾復何患哉

入冢而象龍並爲釋難

螣蛇居戌曰入冢戌乃火庫墓也有蛇入墓之象彼深居而簡出吾往過雖不免小心惴惴而彼非蟠伏路途之此

矣

螣蛇居辰曰象龍蛇乃龍之從也有化之機若入龍之宿有隨進化之義夫彼貪上達必熱於中豈復深爲我患哉故可釋難

朱雀南方文書可防

前二朱雀乃丙午火神也故曰南方主文書詞訟章奏口舌之神火光怪異去貴人二位故曰前二

損羽也自傷難進

朱雀居子曰損羽朱雀乃丙午火而加臨水鄉有損羽之

象羽翼不成進飛必難矣古得此者文書無氣而口舌詞訟不凶也

掩目也動靜得昌

朱雀居丑曰掩目丑亦北方水氣之餘制朱雀之火有掩江破頭之喻蓋彼既目瞑吾得有爲矣動靜俱吉無口舌之擾訟息而文書不行也

安巢兮遲滯沉溺

朱雀居寅居卯曰安巢蓋二木皆火生助之神且有山林之象雀至山林結巢砌壘育子貪樂古者所喜有口舌消

亡之義而曰遲滯沉溺者蓋卜文書章奏之事則未免些
淹滯而沉溺也

投綱兮乖錯遺志

朱雀居辰居戌曰投綱辰戌名天羅地網且戌爲朱雀炎之庫而辰與戌對宮有丘墓之象故曰投綱夫朱雀之凶入此不得飛揚古者之所書也胡曰乖錯遺亡亦指文書之事言之耳

勵嘴對待怪異經官語訟

雀居申曰勵嘴申金也朱雀畏此能克制其方得志之

處也鬬嘴奮豕所以口舌尤旺也蓋支書固有氣而他古
則訟訴之象凶不可免矣
朱雀居年曰附符古名焉朱雀有非細之訟常人之憂也
若士子入場斯高中矣
臨墳入水悲哀且在雞窓
朱雀居未曰臨墳言其結巢於古墓之象夫巳午未申俱
在上有飛空而翱翔之義朱雀得肆時也主口舌不細故
曰悲哀妻孥鳥有不悲者哉
朱雀居亥曰入水亥入水鄉有投江之象乃甚害矣凶神

無氣何曰哀悲蓋亦指文書動用而言耳若有急用文詞不能得用亦悲也

官災起謐因夜噪

朱雀居酉曰夜噪亦火制金鄉得以奮志為惡其性好亂便生口舌得此者必官非不免又且酉為門戶口舌入門非官災而何

音信至都緣晝翔

朱雀居巳曰晝翔以巳未交午乃白晝之象雀至此最為有氣古凶則口舌詞訟古喜則起用文書望人信息俱至

再有六合之神婚姻集會

前三六合乃乙卯木神也主和合成就宴會婚姻又名私門以其離貴人三位故曰前三

待命和同

六合居亥曰待命亥乃天門也我欲成就公私事端而求天門之下待命必成故曰和同

不諧驚悸

六合居巳曰不諧蓋六合木也入於火鄉烟滅灰飛不吉甚矣凶占恐懼不免

反目兮無禮之事端
六合居子曰反目子水也六合木本相生助何乃曰反目耶益子卯無禮之刑也凡事必起於無禮以致彼此不睦而有反目之失
私竄兮不明之囚地
六合居酉曰私竄以卯酉爲私門而六合又乙卯之屬以私併私以門復門乃出入私門逃竄之象且六合之木而臨從魁之金木受金傷故曰囚地重復私陰故曰不明得此者惟奸淫陰私是利而正大反殃也

乘軒結髮從媒妁而成歡

六合居寅曰乘軒居申曰結髮蓋寅木乃軒車之象故曰乘軒申乃庚也卯乃乙也乙庚相合故曰結髮似從媒妁之言而有歡成之慶矣

違禮亡羞因妄冐而加罪

六合居辰曰違禮居戌曰亡羞蓋六合本屬乙卯卯辰有六害之凶故曰違禮若臨戌則以巳之私門而自就戌以爲六合苟求合會亡羞之似占得此者必因自不檢約以招罪愆非于人之害我也

升堂入室併爲已就之占

六合居午曰升堂居卯曰入室午乃離位似爲升堂卯則六合之本位故似入室二者合於堂合於室豈非已就乎

凡占得此皆可成遂

納綵粧嚴總是欲成之例

六合居未曰納綵居丑曰粧嚴六合臨丑乃貴之本垣也以賤謁貴粧飾不得不嚴所以事上也居未乃卯未有相合之慶且太常酒食帛物之鄉似納綵之喜也占得之者何事不可成耶

或逢勾陳發用必然鬬訟爭官

前四勾陳乃戊辰土神也主征伐戰鬬詞訟爭論田土之事以其去貴人四辰故曰前四

更遇受越披機被辱暗遭毒害

勾陳居丑曰受越居子曰披機丑乃貴人之鄉以爭神而入貴地犯受其遏越之訟訴而勾陳得肆其侮於人也若至子乃土能克制之適所以撥其狂妄之機尤可以展舒其奮怨之心占得之者亦惟忍而已矣

遭虧兮宜止書

勾陳居寅曰遭囚勾辰遇寅乃克制之方故有遭囚之象宜上書者彼凶既囚而我得以上言告發其積害成慾之狀若不於此時制之則過此而仍肆虐酸而物受其害矣

捧印兮有封拜

勾陳居巳曰捧印巳乃鑄印之方而勾陳鑄印之模範也印鑄而成捧以奉上非封拜之象乎君子見之遷擢必速常人見之反爲可憂自非有不法等情何干於印信也

臨門兮家不和

勾陳居卯曰臨門卯本日月之門而勾陳爭鬬之神入之

是爭神進門矣必家不和以致搶攘紛更人篇匪寧蓋亦
破敗之徵矣
披刃兮身遭責
勾陳居酉曰披刃以酉金似爲兇器矣況又陰爻肅煞之
氣與勾陳之戊辰生合彼兇鬬之神而持此器豈有善念
哉然非理之舉法所不容終於遭責占者惟避其兇可也
升堂有獄吏以勾連
勾陳居辰曰升堂勾陳本屬戊辰而辰人辰非升堂而何其
神主鬬訟勾連故至辰地則有獄吏勾連之應知機君子

生平無非禮之舉不過因他人之不法而及之耳

反目因他人而逆戾

勾陳居午曰反目午火生勾陳而何曰反目耶以勾陳好鬭訟而午火真朱雀乃訟之最者也彼此皆反面相賊之神孰肯相容耶故有反目之象君子占之必被他人之逆戾餘波以及之耳

入驛下獄往來詞訟稽留

勾陳居未曰入驛居戌曰下獄未乃坦途如驛道也故曰入驛戌乃地網又曰地獄況與勾陳之戊辰對相沖射乃

下獄之象也非詞訟之往來而何占者惟退避則吉

趨戸褰裳返復勾連改革

勾辰居申曰趨戸居亥曰褰裳夫申非門戸之神何以趨戸目之蓋申前即酉戸也立此可以入門故曰趨戸至亥而褰裳者亥乃夜靜更闌必褰衣而憩息然曰勾連反復者申為坤地戸也亥為乾天門也門戸之前伺立此等凶神君子至此即返而抽身稍遲則被彼勾執矣

青龍財喜雖主亨通

青龍前五甲寅木神也主財帛米穀喜慶亨通十二神中

惟此最吉增福解禍以其去貴人五位故曰前五也

在陸蟠泥所謀未遂

青龍居未曰在陸居丑曰蟠泥未近南離之火故爲陸丑近北坎之水故爲泥夫龍飛於九天潛於九淵神變化而莫測也若失地亦阨且困矣蟠於泥在於陸非失地而何欲望其遂也難矣

登魁兮小人爭財

青龍居戌曰登魁戌乃河魁也以青龍之吉神而入綱羅之地則小人爭財之象矣由財喜之神落此所以致小人

之爭也

飛天兮君子欲動

青龍居辰曰飛天以辰乃龍庭也而曰天者戌亥子丑象地在下也辰巳午未象天在上也故曰飛天也青龍吉神飛騰在上君子有爲之時也非欲動乎

乘雲驅雷利以經營

在寅曰乘雲居卯曰驅雷寅乃青龍之宮有乘雲出入之象古謂雲從龍也卯乃震卦震爲雷也龍得雲雷非經營之時乎故驅雷乘雲而得以施爲展布

傷鱗摧角宜平安靜

青龍居申曰傷鱗居酉曰摧角申乃陽金酉乃陰金金能克木青龍之甲寅所深畏也至此有退鱗折角之象吉神遭阨豈禍祐於我也惟安居守靜而已

燒身掩目因財有不測之憂

青龍居午曰燒身居巳曰掩目以青龍之木得水爲喜而見火爲讐巳上入蛇穴尤爲不吉故有掩目之象午乃南離眞火故曰燒身青龍有此不足尚可賴之爲財神歟若求謀財物則有莫測之憂矣

入海游江因動有非常之慶

青龍居子曰入海居亥曰游江蓋俱水也青龍得水何吉不生吉福斯民占者動則有非常之慶矣

後有天后之神蔽匿陰私之婦

後一天后壬子水神也主陰私曖昧之事蔽匿穢污之神性似柔而實剛以其後貴一位故曰後一

守閨治事動止多宜

天后居子曰守閨居亥曰治事天后婦人之象也壬子乃天后之本家故象守閨閣也亥乃乾健自強不息之地有

治事持家克勤之道也二者動止相宜得其道之正也如當旺相其慶深矣

倚戶臨門好淫未足

天后居酉曰倚戶居卯曰臨門以穢汚之神而入卯酉之私門非淫奔之象乎除好私之外而正大之舉反見爲殃

褰幃伏枕非嘆息而呻吟

天后居戌曰褰幃居午曰伏枕蓋戌土克水病之象也畢戌昏黑之時有褰幃之象午乃晝長午寐之時故曰伏枕二者皆臥而不快故曰嘆息呻吟非病即事不遂也

裸體毀粧不悲哭而羞辱

天后居巳曰裸體居辰曰毀粧壬子遇巳有露暴之傷刑克之地故曰裸體辰爲水之克賊天后至此而毀粧形體裸露而見傷毀粧易容而不傷非羞辱而何也占得此者悲災必矣

優游閒暇益因理髮修容

天后居寅曰理髮居申曰修容平旦而早起理髮時也申晡而容殘粧褪時出故有理髮修容之義二者非不遂也且水與木金不克故生優游閒暇樂其平和也

悚懼驚惶　緣爲偷窃沐浴

天后居丑曰偷窃　居未曰沐浴　以天后之子與丑六合也　有私暱之情　窺之恐人知　是以偷窺　未有井宿而壬子水入之　有浴之象　浴則畏人至矣　二者皆有懼疑之心　故曰悚懼驚惶

太陰所爲蔽匿禍福其來不明

後二太陰辛酉金神也　主陰私蔽匿奸邪淫亂晴昧不明　又爲冥冥中之黙助　以其後於貴人二位　故曰後二

垂簾則妾婦相侮

太陰居子曰垂簾子正北也端門向明垂簾昏夜無見所以妾婦居陰位得肆其慢上之心而欺侮之不過瑣小别地生非而已

太陰居丑曰入内丑乃斗牛之墟天乙貴人之位也至尊
人内則尊貴相蒙而受此陰蒙則蔽其明矣亂之始也君子必謹焉

太陰居戌曰被察盖太陰之辛酉與戌六害且河魁刑獄
被察兮當憂悟異之方非被糺之象乎欲飾其非則愈悟且畏矣故當憂也

造庭兮宜備爭
太陰居辰曰造庭夫辰乃龍庭也且與酉合而大陰之妖媚必與天罡相得然彼剛之眷寵必夙亦水常無也烏得不爭寵而乖變哉
跣足脫巾財物文書暗動
太陰居寅曰跣足居午曰脫巾蓋寅方平旦晨起之時有跣足之象午則長晝晝眠亦必有脫巾者矣然太陰之金能克寅木爲財而午則朱雀反制太陰二者乃財物文書俱暗中動也

裸形伏枕盜賊口舌憂驚

太陰居亥曰裸形居巳曰伏枕亥乃夜深就榻有裸形之象而已則克制太陰必伏不起乃有伏枕臥病之義併主憂驚口舌賊盜蓋巳乃騰蛇主口舌驚恐亥乃玄武主賊盜憂疑也

閉戸觀書雅稱士人之政

太陰居酉曰閉戸居未曰觀書酉乃太陰之本家陰好靜故閉戸未乃離明之次舍土金生養故有涵泳優游之象二者安且吉也

微行執政偏宜君子之貞

太陰居卯曰微行居申曰執政卯乃私門必祖禩之象以入之非微行乎申乃太陰之旺地得志行權之所有執政之象焉君子占之非陰神之比時當微行也持以貞一之操或當執政也亦持以貞一之操而已

玄武遺亡陰賊走失

後三玄武乃癸亥水神也主賊盜陰私走失遺亡兵戈搶攘以其後天乙三位故曰後三

撒髮有畏捕之心

玄武居子曰撒髮子乃夜半其睡未醒而子鼠乃虛驚之神況玄武賊神自多懷疑被驚而夜起有撒髮之象懷畏捕之心不過虛疑不害耳

升堂有干求之意

玄武居丑曰升堂丑乃天乙貴人之位土能制水玄武不能行盜以禮謁見實懷穿窬之心有所干求不以實對也

愛寅兮入林難尋

玄武居寅曰入林寅卯山林之地盜賊有所憑依捕者難於追尋非穿窬得志乎

惡辰兮失路自制

玄武居辰曰失路辰土能制玄武之水神也至此非失路之象乎盜賊消亡君子迴腹之時也

窺戶也家有盜賊

玄武居卯曰窺戶盜賊入門之象亦惟謹之於預而已

反顧也虛獲驚悸

玄武居巳曰反顧巳乃晝方非盜賊之利也縱無人追逐亦必反顧旣無追者豈非虛驚耶

伏藏則隱於深邃之鄉

玄武居亥曰伏藏亥乃夜方又屬玄武本位深邃之象捕賊者必難獲也

不成必敗於酒食之地

玄武居未曰不成未乃土也克制玄神之水所以欲盜不成又未太常之家酒食之地必因酒而敗盜易獲也君子之慶小人之憂

截路拔劒賊懷惡攻之而反傷

玄武居午曰截路居酉曰拔劒午乃天地之道路故取象於截路酉陰金刃鋒之象故曰拔劒賊勢至此猖獗已甚

豈宜攻之攻之必反傷矣

折足遭囚賊失勢擒之而可得

玄武居申曰折足居戌曰遭囚申乃坤土制玄神之水且
晝方賊所深畏有折足之象剛金斬賊也戌乃地獄又土
克水故曰遭囚二者賊失利矣故捕盜賊者擒之最易

太常筵會酒食相奉

後四太常巳未土神也主筵會酒食衣冠物帛又曰安常
吉慶之神以其後天乙之四位故曰後四

遭枷必值決罰

太常居子曰遺枷土值水鄉有崩陷之象又子未六害以害而陷有枷鎖之象所以必值決罰

側目須遭讒佞

太常居寅曰側目寅木克制太常之土有虎豹在山之勢而太常之土何敢與爲敵耶況未羊逢虎受其制伏敢怒不敢言亦惟側目而已矣尚畏有讒佞於傍譖之則凶仍不免

遺冠也財物遭

太常居卯曰遺冠以冠裳之神而入私門有徑不正之象

故曰遺冠然何以曰財物遭傷太常亦主財物衣帛主失去者以土被卯木之克也

逆命也尊卑起訟

太常居戌曰逆命未與戌相刑且河魁爲獄綱之凶故曰逆命未在上其位爲尊戌在下其位甚卑二者相刑非尊卑相訟乎

銜杯受爵不轉職而遷官

太常居申曰銜杯居丑曰受爵申爲傳送太常酒食之神二義詳之似銜杯矣慶冠裳之象而非轉職之吉乎丑乃

天乙之宫以太常而拜至尊非受爵乎故曰遷官也

鑄印捧觴不徵召而喜慶

太常居巳曰鑄印居未曰捧觴太常爲印綬之神見巳火乃鑄印之位公器非徵召不用也未乃太常之位宴會之宫也捧觴酬酢有喜慶也

乘軒有攺拜之封

大常居午曰乘軒午乃天地之道路乘軒之象也又立南向北面君之義故有攺拜之封君子大慶也

佩印有用遷之命

太常居辰曰佩印辰乃天罡首領之神而與太常印綬併之乃佩印之義必主遷除

亥爲徵召雖喜而必下憎

太常居亥曰徵召亥乃天門有徵召冠裳之象但未土在上亥水在下水必憚土之克也故雖喜而下憎之

酉作劵書雖順而防後競

太常居酉曰劵書太常之未土生從魁之酉金得助於魁則鋒刃成功宜書之左劵有何不順耶但酉金強自刑其方終有後競惟勿以身貴而賤人勿以獨斷而違衆則吉

白虎道路官災病喪

後五白虎庚申金神主道路刀刃血光官災疾病死亡

凶之神也以其後天乙五位故曰後五

溺水音書不至

白虎居子曰溺水居亥亦然白虎喜山林主道路今溺陷

於水則道路不通不凶矣蓋至凶之神而陷沒有何不利

勿以道路阻而音不達爲忌

焚身禍害反昌

白虎居午曰焚身居巳亦然在彼曰虎之金爲所深畏而

占者反昌矣何則白虎衰凶血光之神既已焚身何能爲患

臨門兮傷折人口

白虎居卯曰臨門居酉亦然白虎守卯酉之門則一家驚懼不寧矣輕出無備者莫不爲之噬矣故傷折人口也

在野兮損壞牛羊

白虎在丑曰在野居未亦然丑未田野之象白虎在此囿似無威而丑中之牛未中之羊爲虎所噬貪哺毀無復凶矣

登山掌生殺之柄

白虎居寅曰登由其威自倍仕途占之當膺生殺之重柄

常人占之凶不可當

落穽脫桎梏之殃

白虎居戌曰落穽戌乃地獄吉神入之則占者必凶凶神

入之則凶燄猥褻不復亂熾占者不被其殃往返無虎截

路猶桎梏之脫也

啣牒無凶主可持其喜信

白虎居申曰啣牒申乃白虎之本宮彼貪其巢穴之榮腰

無復肆噬之心故有喜信可持而曰齎牒者傳送乃往來之神牒信之象也

啞人有害終不見乎休祥

白虎居辰曰啞人辰申有尸乃虎噬尸既曰啞人豈復有吉祥於人耶得此凶占亦惟避之而已矣

天空奏書之神以天乙尊者無對

天空後六戊戌土神也其神無形無影由正對天乙至尊即空亡也由無敢對至尊而虛其位故曰天空專主詐僞不實曰奏書者言惟執書以奏則此片時可對至尊耳

神雖所主休徵必察卦名之義

元首象天重審法地象天者先喜而後憂法地者先迷而後利

象天者上位之動用也法地者下位之動用也以其上克下故先喜後憂以其下賊上故先迷後利

知一則得一爲宜

比用卦又名知一卦知一不知其他惟一得則永得也

見機則不俟終日

涉害之深者曰見機見機不俟終日言機貴速時者難逢

而易失也

遙克所卜難成

遙克者神遙克日曰蒿矢卦　月遙克神曰彈射卦二者皆力不雄也故所卜難成觀蒿與彈之意自明

別責所占罔濟

四課不備而無遙曰別責尤無力之甚也故凡占罔濟不過利守而已矣

冬蛇掩目虛驚而終不傷人

昴星卦有騰蛇發用曰冬蛇掩目卦既曰掩目之蛇則人

得而害彼彼不得而害人不過虚凶不成實害也

虎視轉蓬出外而稽留不迴

昴星卦有白虎發用曰虎視轉蓬卦既曰虎視則凶不可當即猶蓬轉而避之可也出外必稽留不回

伏吟任信宜用靜去盜非遥

伏吟剛日自任卦柔日自信卦主靜也逃去之人及盜賊失物俱不遠也貴順支前一位尋之貴逆支後一位尋之

返吟無依則復舊往來不一

返吟來去不定故曰無依無依倚也凡事不定且主於遠

八專之意不宜男子波波幃薄之名不利婦人嬉八嬉

八專卦支干同位內有怨女外有曠夫故曰幃薄不修之
卦多淫泆之意也

龍首界逢君命恩賜頻加

太歲月建月將貴人同為發用曰龍首卦君子則有恩命
出自天子常人利見大人

龍戰屢見改革災禍不定

卯酉日辰行年發用又值此者名龍戰卦不問君子常人
俱主更革災禍不一

官爵改拜升遷

驛馬發用名官爵卦主改拜升遷常人得之反擾動不寧

富貴增財吉慶

貴人發用主增財喜慶君子常人皆吉

斲輪鑄印官職須遷

卯加申發用曰斲輪卦戌加巳發用曰鑄印卦有官者必

遷無官者反不能當而有官非口舌

高蓋乘軒鼎席必致

午卯子三傳曰高蓋乘軒卦亦同斲輪鑄印斷

無淫主琴瑟不調

夫干也妻支也上神互克干支名曰無淫卦主夫妻異心

泆女必潰亂太甚

初傳天后末傳六合更傳見卯酉曰泆女卦主淫奔不正

是知三交爲藏匿

子午卯酉仲神全見於三傳曰三交主藏匿陰私不明之人蓋此神皆五行之敗氣主人昏晦收留此人異日不利

九醜定災殃

乙巳戊辛壬日更得四仲相併而又大吉加仲上曰九醜

卦主占者家長有災

斬關不利安居波波不定

罡魁加干支上更得六合青龍名斬關卦主不能安居而奔波不定

遊子不遑寧處碌碌無常

辰戌丑未全四季在三傳本靜而丁神驛馬入之曰遊子主動而碌碌奔波不免

天獄憂刑罪責

凡用神囚死更天罡加日本之上曰天獄卦主官非口舌

刑罰及身

天網因繫災傷

凡時與地支併克天干而發用者曰天網卦詞訟必遭囚

繫常占多主病凶

懸胎主隱匿藏懷爲胎孕

寅申巳亥全在三傳曰懸胎卦主隱匿藏懷或爲胎孕

贅婿主伏潛屈辱或相將

支辰加天干之上被克爲用曰贅婿卦主屈身于人而支

辱必依棲于人而相傍

無祿之名是上驕而下弱

凡四上克下曰無祿卦上皆得意故驕下皆受制故弱無祿猶無路最凶之占也

絕嗣之意乃下逆而上傷

凡四下克四上曰絕嗣卦下皆得志而逾逆上皆受制而金傷尤凶之甚也

又爲厲德以動搖爲意

貴人當卯酉之上曰厲德卦貴人不自安而動權也

倨[illegible]恃逆爲心

日加辰而被辰克曰亂首卦悖逆之象也

稼穡定自微而至著

辰戌丑未全在三傳曰稼穡卦土有生物之功而日漸增長故自微至著

曲直必福善而禍淫

三傳亥卯未曰曲直卦爲福者愈增其福有禍者愈益其禍乃木日漸長之象也

巳酉丑俱逢則傷情革故

三傳巳酉丑全者曰從革卦主革故鼎新之象且金乃破

物之神主刑傷之凶也
寅午戌全見則意欲成親
三傳寅午戌全者曰炎上卦主氣燄薰天上進之象而急
於進用有相親傍之義焉
蓋夫潤下之道惟宜施惠於人
三傳申子辰全者曰潤下卦主恩澤下流惟宜施惠於人
不可獨利而招尤
凡斷吉凶占從將意大抵功曹爲用木器文書
功曹寅也寅乃木神功曹乃奏書之神故主文書

傳送加臨行程信息

傳送乃郵驛之象故主信息行程

太衝盜賊及車船從魁金銀與奴婢

辰爲鬬訟兼主喪亡

天罡主鬬爭詞訟亦名天牢又名天羅主死亡

戌爲欺詐或稱印綬

天魁主欺詐亦名地獄又主印綬之神

巳明徵召太乙非災

勝光火怪絲綿

午主光明怪異又主絲綿布帛

神后陰私婦女

子水天后之宮主陰私不明事干婦女

未爲衣物筵實

小吉乃太常之宮也主衣冠物帛筵會賓客

正號田宅園囿

大吉上神主田宅園囿之事

大吉小吉會勾陳因田宅而爭訟

丑未主田宅見勾陳鬭訟之神必因爭田宅而起訟

從魁河魁乘六合爲奴僕之逃亡

酉主婢戌主奴乘六合之私門乃奴僕逃亡之象

文宜青龍不戰武欲太常無爭

文看青龍爲類神武看太常爲類神旺相相生必青上下克戰則凶

登科者祿馬扶會

登科者祿神驛馬臨於干支之上富貴干支乘祿馬是也

馬主前程遠大祿乃臨官之神

不第者刑害俱併

三刑六害併臨于支之上刑主有缺害主阻隔難成

投書宜虎勾無氣

投書獻策見上貴也若白虎勾陳無氣自然無阻也

捕賊欲玄武相侵

捕賊以玄武爲類神若玄武臨克地自然得捉也

若候甭占風須看青龍白虎

白虎主風青龍主雨有氣旺相有風有雨囚死空亡風雨必微

若遷官進職宜觀天吏天城

寅爲天吏卯爲天城若乃年命相生必主變動

望行人視二八卯酉之限

占東南行人以酉爲中途子上神爲至期若西北行人以卯爲中途午上神爲至期

追逃亡盜捕四六玄武之陰

占捕盜賊看玄武之陰神上所得何神便知其在何處捕之必獲

失件必詳勝光而可見

勝光在日前則向前追必見在日後則稍等立見矣

亡財則察玄武而可尋
失財物以玄武之陰神上見乃知方所尋之必獲
此皆畧舉其綱要在智者臨時而審情
若夫旺氣求就官職相氣經營利祿囚氣囚禁呻吟死氣死
亡悲哭休氣病疾淹延詳在四時丘墓
旺氣發用利求官相氣發用利求財囚氣發用訟則囚繫
呻吟死氣發用病必死亡哭泣休氣發用疾病淹纏若且
墓同之必凶
相加孟仲萬事新鮮季上逢之互爲故舊

孟仲之神發用主新事動季神發用主舊事矣

歡欣在旺相之中悲哀在死囚之處

旺相發用皆主喜休囚發用皆主憂

凡見火加水上亡遺口舌非寧

乃巳午臨亥子也火乃朱雀主口舌水乃玄武主亡遺

火入金鄉淫泆奸邪未息

火則螣蛇朱雀金乃白虎太陰淫泆奸邪皆太陰爲之所

逼致也

水加土位逢財若在火宮遷職

木加土上受土之克則爲財水加火上受火之克則爲官

木逢水則流落他鄉

以木之少而見水之多有木漂本之象故曰流落他鄉

水遇土則人財散失

水加土上木爲財而主散失者亦水爲玄武之位也

金居火上則病疾死亡

金加火上白虎入朱雀螣蛇之位故主疾病死亡也

土臨木地則田宅訟起

土加木乃勾陳受制之象故主因田宅爭鬬而興詞訟

金加火位中傳有水無妨

若金加火爲發用而中末見水則有救矣

火入水鄉末得鎮星復喜

若火加水上爲發用而中末有土則不凶矣

貴人順行凶將少降禍殃天乙逆行吉將卿施恩惠

天乙貴人順則凡事順逆則凡事逆順貴雖凶將降禍必

輕逆貴雖吉將賜福不重

邊災遇惱上下皆凶招利求祥始終俱吉

三傳中全無吉將吉神者災惱並見三傳中全吉者主招

財利可求吉祥

凶神刑害災禍連綿吉將相生歡欣不已

三傳中凶將更乘刑害災禍愈重三傳中吉將更生助者

喜慶愈多

凶神和合逢災不至深危吉將逢傷賜福終非全美

三傳中凶將見生合雖凶不甚三傳中吉將見傷克雖吉

不能

日辰有彼此之殊神將有尊卑之異

日干為自己支辰為他人貴神在上尊月將在下卑

辰來克日諸事難成日往克辰所謀皆遂

支辰來克日干乃我受人制也日干去克支辰乃人聽命於我也

男逢災厄須以日上推窮女遇迍邅但向辰宮尋覓

日干又曰天干故看男子之災祥支辰又曰地支故看女人之禍福

先凶後吉終成喜慶之徵始吉終凶終見悲哀之兆

初傳凶末吉終於吉也初傳吉末凶終於凶也

初刑末位災來果必無輕末克初傳有禍須知亦小

先賢以時作先鋒占萬事皆以可指
若乃披刑則侵欺詭詐乘馬則搖動遷移
時作支刑子刑卯之類乘馬主動搖也
沖支沖干彼已不退寧處同辰同日爾子蹇滯遲疑
時沖干已不寧時沖支彼不寧同辰彼蹇同日我寨
時日相生迭爲恩惠生克其辰災祥居第
時生日下報上日生時上惠下時生支宅吉時克克宅災
所以遇子遇午若往若來值卯值酉爲門爲戶
子午天地之道路也往來之象

更究視以用及傳終又可察其生及畏懼

大抵克多則事繁克少則事一

涉害比用主繁爲首重審事一克者動也

鬼臨所畏當憂而不憂財在鬼鄉聞喜而不喜

一因財而變鬼禍矣

神將互克占及夫妻同類來傷事因兄弟

鬼乃夫也鬼動事起夫財乃妻也財動事起妻比肩爻動

事起兄弟明友也

財遇空兮產業須傷鬼臨旬尾兮官災不起

財爻空求妻財不得也官爻空有官非不妨也

吉神臨凶卦之中無咎爭之道惡煞臨吉卦之內無權忻之理

煞雖惡生我則其喜終至將雖良克我則憂難不已

如虎勾生我其力尤雄龍合克我其凶亦至

凶神無吉也合干則訟休吉神無凶也克日則禍起

與日合雖朱雀之口舌亦休

更若識其通變舉一隅而不復三反

大六壬九天玄女指掌賦

新安程起鸞翔雲刪定
廣陵陳良謨公獻增註
古歙莊廣之公遠較正

九天數玄天色女陰象黃帝陰符亦如此解言陰與之符也故九天之數以玄女名包於陰而陰與符合意賦敷其事而直言言一見而始終無餘蘊也

六壬通萬變之機大為國而小為家日辰定動靜之位日為人而辰為事

變卽窮變通久之變機發動所繇也家國要從地盤分野處看若单論家宅則惟在支上看可也

月將加時局圖順節日二課而辰二課合成四象生主和而

克發用義法三才

日主神爲太陽日陰爲少陽辰上神爲太陰辰陰爲少陰

陰陽生合比和處吉凶之端倪不露惟於相克處一逗殺機而吉凶遂爾見形焉不殺不成其爲生而取克正所以

觀五行相生之妙也

一上克爲元首理勢順而百事攸宜

上天下地天克地理勢皆順故百事宜

一下賊爲重審人事逆而謀爲不利

地克天是下凌乎上故逆

二三克賊知一總名神將凶而禍不单行神將吉而福祥雙至

如二三克賊則看克處與本于有益無益而禍福之來可

決矣

用孟名曰見機當因時以致宜仲季號爲察微事未萌而預

料克賊重重比用涉害用辰主外災害巳用日主我禍延人

涉害取地盤孟仲季發用涉四孟乃見機課涉仲季乃察

微課是也涉害比用復等則剛用日比柔用辰比益人我以支子分日上發用乃我先發端辰上發用是人先發端也

蒿矢神遥剋日二剋主兩事而合爲一事彈射日遥剋神一剋主一端而分作兩端

日止一日剋有兩剋是兩事合來作一事一剋互觀白見二課若見金土二煞爲有鏃有光能傷人也

昴星如虎對立視俯仰以卜遠近之憂危

俯視憂近仰憂遠殺氣至酉而盛故將曰太陰俯仰皆以酉位言陰陽無克乃從至陰處討出消息來也正君子履

霜之漸多憂懼之時也

別責如花待時合日辰以定人事之巧拙

課名不備事屬有待如花待時時象可知矣玩別責字言旨

見端於此而成就於彼之義也

八專士女懷春一名不修幃箔

原陰陽施化以別而神今干支同位陰陽不分主客未辨

故取象若此

丁巳辛同丑未井欄射主災深

井欄射亦主前途憂危

伏吟任信用刑而作事憂疑

諸課有加臨皆可信任獨伏吟上無加爻止堪自逝主張

儘多憂疑之兆

返吟無依迭傳而事多反復

無依謂十二神各居冲位無可依倚主反復不寧也

凡上克則事起男子或屬他人若下賊則事由女人或因自己

大凡克處是動機上克動在客在陽故爲男子爲他人下

賊反觀可知

將克神爲外戰災自外來神克將爲內戰禍由內起

將謂月將神即貴神將克神神相戰在外神克將相戰在內

災外來是因彼而有克也禍內起以其克加於我也

用在日前事情已過用居日後事起將來日辰發用應在今

時辰日刑冲事成恍惚年月節旬發用事應年月節旬

如甲課在寅則卯爲後而丑爲前蓋前爲已往後爲未來

故也日謂今日辰主十日言日干發用事應在今時兒日

寄辰辰倣於日要合德祿比合相生乃爲足貴刑則人情

不美冲則反復不寧故事多恍惚也年主一年月主一月

節主半月作氣字看如立春爲節雨水爲氣節字論氣非

謂月也此二句論克應之理最爲絶玅方朔克應歌云起

歲年華問逢蟾月裏尋占旬旬日應值日日前陳系動蟾

分體候來旬折身諸門從此起萬類碁通神苗公云七位

克應訣季神總用同墓中見的實吉凶取合冲陰陽分墓

絶七位應須通又云看發用是何季之神如見寅卯則應

在辰月辰日辰時如見巳午則應在未月未日未時故言

與日同也

吉神旺相事皆吉凶神旺相事必凶

旺氣求官吉爭財相氣親死言喪禍起囚動見官刑休來

憂病患五氣仔細尋此皆以克日論也吉凶二神謂三傳日干年命兼歲月建正時來方支辰上神非搜盡此十一處也須要視何處生我克我還是生我者多克我者多助我生者多或助我克者多生我者得地還是克我者得地宜詳察

已上九門定式次觀附卦加臨日臨辰而受克爲亂首生行悖逆之道

如庚午日申加午是日臨辰而辰克之

辰臨日而受克爲贅婿不能自立其身

如庚寅日寅加申是辰臨日而日克之夫日寄於辰今反克辰是自家竟無安頓處矣

辰臨日而生日名自在有恢拓之占

辰來生我可云安享

日臨辰而受生名徒就有榮頭之機

我就他生一何榮顯

日臨辰而生辰名歷虛主無措之語矣

我去生他他為脫氣

辰臨日而受生名歸福主福履之來崇

辰是我所處之境加我乎上而與我合體生辰豈非福履之崇乎

同類相加同諧和合

皆植和合言比肩之妙

日辰交生名爲脫骨主彼我舒情多實日辰交克號曰無淫主內外疑忌生猜

交生不認我而認人故爲脫骨乃相信之誠也交克反看

傳課皆在年月日時各天心憂不成憂而喜中加喜三傳不離四課名廻環吉不全吉而凶不全凶

天地大化不離是在天之心也名廻環意不宜占捲散事

三傳所以變化四課不離殊少變動之意故吉凶不全

三上克爲幼度厄病纒維臣室之象三不賊爲長度厄意海無舟楫之形

凡長幼課看發用才官父子何如是財則傷財餘可例推

又看餘一課或是上克必主上下不安爭鬭若生日于則凶可解上下相生凶亦稍解

四上克爲無祿主孤单得救神亦能免禍四下賊爲絕嗣主貧苦雖吉將到底成空

救神如三傳年命有一處生干郎是若四下賊則是我所
遇皆仇敵吉將其奈我何
日辰見辰戌又發用爲斬關陽逃亡而陰主伏匿
辰戌動神中傳更遇寅字爲天梁主萬里飛騰故陽日爲
逃亡陰日爲伏匿總無踪跡可尋也凡傳遇寅卯末于乘
貴陰合爲天地獨通出行吉
貴人臨卯酉分前後爲勵德庶人吝而君子亨通
視干支陰神如立貴人前是小人恃勢當強如陽神立貴
人後是君子謙冲當進此勵德之此謚日陰辰陰爲卑不

令安居於前日陽辰陽爲尊不合退居於後也

天乙在卯酉立私門名微服而各懷異志

天乙來臨主入門 日辰陰陽俱後存卽此是爲微服象惟

利陰私貴後存謂居貴人後卯酉爲日月門陰私之象惟

利安居不利有爲

夫婦若年神交相克作無淫主琴瑟不調

夫婦年若相克 日神更與日辰互克乃乖戾之象

用卯爲龍戰用酉爲虎鬬主 恩改而憂疑不定

凡卯日發用又無行年又在卯上爲龍戰卦虎鬬倣此葢

卯日陽系南出陰系北入酉日陽系北入陰系南出陰主刑殺陽主德生相戰於門故名主事疑惑反復不定

后合爲泆女合后爲佼童主厭翳而男女有淫

卯爲六合私門也酉爲太陰私戶也凡卯酉作傳而前見天后後見六合爲陰往求陽非泆女而何前見六合後見天后爲陽往求陰非狡童而何

三傳四孟名曰玄胎非懷孕則有移舊更新之意

四孟五行生地故曰胎玄水色黑言方胎於中男女未分不可見也主事有根蒂日漸長進之意如入胎於母腹鑄

成五官之象所以說移晉

三傳四仲謂之三交加日辰則主隱匿罪人之古

凡仲日四仲相加一交有克發用二交課傳又見陰合三交卦也子午卯酉所藏乃乙丁巳辛癸五陰干陰爲刑德陰無陽故太公立課將五陰干移于四季正此謂也蓋四仲當陰干之旺如乙祿到卯丁巳祿居午則極矣巳極盛矣而五陽干生于四孟者以四仲爲沐浴敗地是遣仲位刑旺而德衰也若課傳年命全逢乎此諸事不吉故武侯云德藏在內刑藏在外之日不可出兵

四仲亦名二煩主殺傷而更遭獄訟

凡太陽加仲斗係丑未爲天煩太陰加仲斗係丑未爲地煩是天地大小吉之爇俱爲天罡所傷而太陽加仲是德爲刑也月宿加仲刑爇大旺故主殺傷獄訟之象如斗不係丑未各柱傳德在內刑在外凡占利靜不利動

四季名爲遊子乘天馬而將欲遠行

四土是遊行之地天馬是遊行之象故名遊子課不止遠行凡事主遊移不定踪跡無憑

用天馬而中卯末子名爲高蓋主公卿爵位

正月午爲天馬卯天車子華蓋私見大人之象

卯發用而中戌末巳號曰斲輪爲印綬俱全

卯加庚辛木就金雕中傳戌又是辛之寄宮末傳巳火煉辛金而金又斲卯木成器且戌中辛金得巳火又爲鑄印而戌又爲印綬所以說印綬俱全爵祿崇高之象

巳

戌卯爲鑄印乘軒駟馬六合而陞官爵

丙辛合爲鑄印卯戌合爲乘軒駟房星謂卯也如卯發用陞官之兆

若逢真破得罪于帝王之象害煞交加遠涉有江湖之患

凡刑冲破壞皆謂之破於仕官則爲得罪于賈人則爲江湖之患以卯爲舟車故也

時逢太歲作貴人兼發用而乘月將名時泰有賜賚陞官之慶日時月建會青龍而用歲煞作初傳名富貴主利見大人之徵

天乙發用又日辰月建名青龍歲支作太乙是爲用歲煞言一時而諸吉臻合也

四離前一日爲天寇利居家而不利遠行四絕前一日爲天禍事體絕而又復重興

分至前一日爲四離已非遠行吉兆那堪月宿極陰玄武陰私重加故主遇盜賊四立前一日爲四絕乃陰陽交鄉之日那堪立絕互交是乘權卸肩兩不得力所以主事體絕而復興

四時前孤後寡或値旬空苦楚無依閉口旬尾加首乘玄發用病危訟失

如寅卯日當春之時則巳爲孤丑爲寡若無別吉象則爲孤寡課閉口有二格如玄武加天地盤大甲合此成兩般病逢閉口則不進飲食訟逢閉日則枉屈難伸

時克日而用又助之名曰天綱有死喪之危用死囚而斗加
日本名曰天獄主囚繫之災
時用克日爲天綱如春占甲干用土金死囚神而辰復加
日本亥則木之根本受傷運用不旺囚繫可知
上下旺相爲三光始終逢吉神將順佈爲三陽作事皆成
用旺相一光吉神臨用二光干支當令三光用旺相一陽
日在天乙前二陽貴順三陽忌克破刑冲害
傳見六儀病將瘥而獄囚出三奇發用疑惑解而喜氣生
旬首發用爲六儀子戌旬中寄在丑申午旬中寄在子寅

辰旬中齊在亥丑爲玉堂雞鳴於丑而日精備子爲明堂
鶴鳴於子而月精備亥爲絳宮斗轉於亥而星精備
用起天魁爲伏殃有殺傷之厄傳虎死神爲魄化主死喪之
憂用乘喪魄健者衰而病者死傳起飛魂家有咎而人有災
天魁正酉逆因仲非河魁也死神正巳順十二是虎乘死
神加日辰死加辰主喪有苦可解喪魄正未逆四季飛魂
正亥逆十二
卦曰始終視神將玩克戰以方知課名新故用剛柔察死生
而始見

始終要兼旺相休囚細細推尋然亦就三傳說三傳原該本事始終或始克終生或始生終克或始生終墓或始墓終生皆始終之義視神將者神將以生我爲吉不生則雖吉將亦減力凡陽干發用得陰爲故得陽爲新陰干發用得陽爲故得陰爲新陽主生事之方生而未艾也陰主死事之已去而不乘權也死生即得令不得令義

八迍立見憂危將至五福必主福祿駢臻

八迍五福不是定然八件五件八是陰數一切惡神凶將克賊日辰兼帶刑害者是陰慘之極故名五五乃天之中數

極陽明之象加傳逢生旺貴人日德即有凶亦解救矣
若順相加之卦傳列巳申亥寅春玄胎者生意已萌於中夏
勵陽者機關畢見於外秋占四壯驅馳不息冬占全福行止
亨通

凡三傳順加以巳上加申起算四季是五行長生之地順
加則水火木金各就所生是四生之神復各居長生之位
也如春令寅木乘權勾萌甲拆生意方蒙乃生生之始也
故曰胎四孟至於夏則生氣日長日盛曰勵陽者謂陽氣
盛中伏衰君子當勉勵勿縱猶退藏意秋時生氣漸微殺

氣漸盛且言申位何爲傳送天地之化至七月是生殺之轉關是送往迎來之會也蓋巳爲海角巳酉丑三合爲寬大坤爲馬即四壯即傳送也以申加巳行寬大之地正驅馳不息意至於冬萬物歸根四生各歸生處是全福而無害行止有不亨快者乎

四仲相加子卯午酉春古關隔若羝羊之觸藩夏占觀瀾似遊魚之吞餌秋古四平日逢望弦晦朔名曰三光不仁冬古遁陽時遇日月辰戌號爲四門俱閉

四仲乃四敗地以卯加子起筭四仲相加在卯爲陰不備

以日出於卯離太陰也在酉爲陽不備以日入子酉離太陽也在子一陽初復陽氣不壯在午一陰始生陰氣不壯玩課體名義重陰互換知無一吉占矣春曰觸藩言爲陰所縛進退不得自如觀瀾意同蓋午生於寅敗於卯前見辰是水庫乃觀瀾而不敢進意弦月漸進望月已滿晦月既盡朔月初生重陰相加又逢弦望晦朔更加四仲天官如六合太陰總是陰翳之象故曰三光不仁日月卯酉地四仲相加更卯酉上見辰戌總是陰陽閉塞意又子乃一陽初生今加於酉方向閉塞之路那見生機故云陰陽

四季相傳丑辰未戌春稼穡而生長以時夏遊子而飄流不定秋地角據一隅而忘天下冬五墓舍朝市而守丘墟

稼穡者以辰加丑起筭爲順土生萬物故在春爲稼穡且辰加於丑土氣作開生生之慮初動又土盛於夏巳午之生有千萬里之勢故云遊子至秋則土氣漸衰生物之功減矣曰據一隅而忘天下便與夏之通達不同四土皆庫獨以冬爲墓者休囚故也

若逆相加勢情爲悖三傳亥申巳寅六合一名六害春亢鯀有始勤終怠之形夏洪鈞秉中正權衡之象秋含義而無中

生有冬待慶而晴事將明

逆相加謂以亥上加申起算六合六害在加處見寅盛於春巳旣矣又値亥生則旣之太過故曰亢旣且亥加於寅為体炁然用事故云始斷終息寅加於巳木火通明是為洪鈞巳加於申正火旺於夏亨嘉之會謂之中正權衡固宜申金斷制為義巳加申是金生於巳亦是義之意故曰無忠生有申加於亥天乙生水得申金之光相涵相生是為將明從此而春而夏而秋生長萬物之慶皆為有待

四仲逆傳子酉午卯春占陷穽如鳥投籠夏占正傾若牛受

秋失友既散離而復合冬出漸名陰極而陽生

四仲以酉加子起算則皆相逆爲五行死地如金庫於丑則酉死於子餘可類推投龍正表其象正煩或作二煩以日宿月宿臨四仲分曰受刃則生氣盡矣金主殺酉加子子爲洩殺炁炁既衰故爲失友酉未爲離隔之神加子一陽初生之地爲陰靜而陽復乃離而復合之象

逆傳四季丑戌未辰春古越庫散財不以其道夏曰轉魁委任不得其入秋殺墓勢將興而將起冬伏陰機漸收而漸藏

四季以辰加未起算春季辰土受未中乙木之克是發越

庫財已散矣曰不以其道者順則合道逆則不以其道也

戌為天魁中藏辛金夏季未土木庫加戌而為戌中辛金所克又戌為火庫洩木之氣是不轉魁上為妻託非人也

戌火庫丑金庫火加金則殺金金陰象原伏而不動遇火煉之將有發越之勢丑金庫辰木庫丑加辰則金水相通象連陰又子見母故云收藏

若順相合理勢自然申子辰為潤下以和順為義寅午戌為炎上以發達為名亥卯未為曲直當舉直錯枉巳酉丑為從革宜革故鼎新三傳稼穡田土稽留

子爲水申爲生地辰水庫自申而子而辰理勢自然有不和順者乎甲乙日爲生死炎上順其次序自然烈燄彌天與和順同解更得駟馬貞佐爲倚權利奏對也凡木之生先曲後直舉直錯枉正去猶向直意金有革故之義纔言革故自有鼎新之勢凡占得四土雖當作稼穡須玩順逆

玩四時參上交方備耳

子辰申爲出奇自新改過午戌寅爲間壯舍實從庭卯未亥爲合縱彼我各懷其忿酉丑巳爲獻刃遠近俱被其傷辰申子爲呈斗玩陰陽於天象戌寅午爲頂墓會消息於方輿丑

巳酉爲藏金因事而韜未亥卯爲從吉待時而動
若逆三合事主乖違辰子申爲循順貴毋躐等戌午寅爲就
燥行合中庸未卯亥爲正陽遵發生之意丑酉巳爲法罡防
肅殺之威四土逆行尚宜守正
水局逆行言毋躐等者欲其以順正之也火不順則燥故
正之以中庸玩遵之一字言當依木生生之理而毋叱乎
陽也罡殺氣金逆而殺氣愈盛故肅殺宜防土能生金若
逆生恐猶未出於正故特用戒之
子申辰爲仰立守凝寒之國午寅戌爲正義顯朱夏之形卯

亥未爲先春末萌先動非時過酉巳丑爲操會已過愛時豈失宜申辰子爲閒十聚秀氣於懷中寅戌午爲華明彰精光於天表亥未卯爲轉輸因顛蹶而自反巳丑酉爲反財懷殺伐以酬恩

天罡加四仲爲開格人事睽違登明脫日辰爲華茹事情和美

卯酉日月門也子午爲陰陽之門辰戌爲綱羅之煞辰加卯四仲對門被囮隔人事何由通快子午爲關卯酉爲隔卯酉既爲日出而作日人而息之門戶子午既爲陽死陰生

陰死陽生之地則人事一動一靜能離此陰陽離此門戶乎今被此綱羅絲阻隔人事豈得亨快亥為乾位加日辰是統天之德聚於日辰也天德昭臨人情自然和美矣

用為發端之門中為移易之府末為歸計之官

太公立三傳極重在發端歸結在末傳

孟為神之在室仲為神之在門季乃在外之應

孟仲季乃泛論其理不在傳之例孟為生地仲為旺地季為結果之地此正由微而著由小而人意

初生中中生末名遺失而事久凌夷末生中中生用名榮盛

而多人推薦初克中中克末爲迭噬而受衆輩之欺末克中
中克用爲僭亡而致外人之侮
畢法云三傳遞生人舉薦重下生上不重上生下大凡發
用之玄要無所分折一心聚於干上方好若初生中末則
益我之氣薄矣所以事久夌夷惟從末生上專尊益我故
榮盛耳又上吞下爲迭噬下賊上爲僭亡衆輩侵欺即畢
法衆人欺意然中初初中緩急有辨
三傳生日百事宜日生三傳財源耗日克三傳求財可羨三
傳克日衆鬼難堪初傳克末成者罕末克初傳事可成傳見

妻財利益多傳見父母餘生意傳見兄弟口舌生傳見子孫福祿滿傳見官鬼有兩途病訟畏兮官位顯子傳父兮逆且疑母傳子兮順且便干支吉兮三傳凶謀事不成終不善三傳吉兮干支凶事吉而成無少悍支若傳干人求我干若傳支我求人

課連茹傳逆速而順則遲越三間向陽明而向陰暗故順三間之課亥丑卯爲溟濛而事多暗昧子寅辰向三陽而斬望光明丑卯巳爲出戶春雷震蟄寅辰午出三陽金鯉波中卯巳未迎陽者鳴高岡之鸞鳳辰午申登三天得雲雨之蛟龍

乙未酉變盈者名秋場之登稼々甲戌出三天似鳴鶴之在陰未酉亥爲入扃主心勞而日繼申戌子涉三淵常隱於山林酉亥丑乃凝陰而系不可解戌子寅入三淵而屈不能伸

大地之氣東南爲陽西北爲陰自寅至酉爲日自酉至丑爲夜凡人日出而作與陽俱開故向陽則明日入而息與陰俱閉故向陰則暗凡人逆則歸歸則速順則遊遊則遠自然之理也若三傳俱在夜方豈不暗昧寅爲三陽而傳之前後拱向之豈不光明邪爲門戶出門而向陽正如雷之震蟄陽起地下也寅三陽之地出乎山一路向東南辰

午之旺炁可知亨快魚得水之象午爲陽而卯巳者迎之正高岡鳴鳳之象古事宜速就稍遲則無炁矣午申在南先天乾位固曰天而辰在東南亦是陽明之位合之曰三天登之故有蛟龍雲翔之象只一巳字在午之前而未酉則向西去矣陽終陰始謝稷而進薦實告成故曰登稷午當陽極而申戌巳流於西矣在陰子和言聞其聲不見其形也未酉亥陰炁盛矣凡人心勞不休皆屬於陰書云爲善心逸日休爲惡心勞日拙善惡之際陰陽之別也申子水局有林之象戌土山象言入夜方似幽人之守正也酉

亥丑皆在夜位陰炁所疑向憂如之戌寅火局而子水居北乘旺爲淵則火亦化而爲水矣故曰入三淵屈不能伸無非幽暗之意

至若逆三間之課亥酉未爲時遁無出潛之意戌申午曰悖戾有追悔之心酉未巳爲勵明者出入從其所便申午辰凝陽者動止尚戾於心未巳卯爲迴明而利有攸往午辰寅爲顧祖而喜氣和平巳卯丑爲轉悖當吉凶二者之間辰寅子爲涉疑入禍福雙關之道卯丑亥各斷潤義利分明寅子戌爲冥陽善人是實丑亥酉爲極陰如月隱西山子戌申名偃蹇

似馬馳棧道

亥酉未逆傳亥遁於酉酉遁於未有退而歸隱之意戌午火局中間一申反成克象不和同矣故曰悖戾酉至未巳有背暗投明意曰勵明者言策勵以從明也申午辰俱東南陽位故曰凝聚於陽所以行止如意午爲明未巳卯迴繞而向之故利有攸往午火生於寅三傳午辰寅有顧母之意和乎者謂得所生而安也巳丑酉金局爲殺機之悖今中傳不用酉而用卯是悖之轉轉則吉然猶未離於殺也亦主凶故爲二者之間辰子水局中傳見寅雖涉于疑

而不沉於淵但兩局不純故云禍福雙關經曰斷澗如何
涉忘前失後時君子宜退位小人須有悲甚亥爲水丑亦
有橋梁意言難進也高高下下義利豈不分明寅戌火局
中傳見子陽入於漠乃懷寶不出意丑亥酉皆是夜方不
見光明子申水局間一戌土在中坎水見陰豈是坦道
若順逆茹亥將順行亥子丑爲龍潛陽光在下空懷寶以迷
邦子丑寅爲含春和氣積中勿衒玉而求售丑寅卯爲將泰
有聲名而未蒙實惠寅卯辰爲正和展經畧而果浴恩光卯
辰巳日離漸利用賓于王家辰巳午爲升階覲觀光于上國

巳午未爲近陽各實相須午未申爲麗明威權獨盛未申酉爲迴春若午夜殘燈申酉戌曰流金似霜橋走馬酉戌亥革故從新小人進而君子退戌亥子隱明就暗私事吉而公事凶亥子丑俱在夜方全無陽氣故云卽易潛龍勿用義子丑寅得陽烝而未暢仍宜韜養勿用寅爲三陽開泰此時從丑初履之雖有將興之譽而功業猶未成就寅卯辰爲日之始正君子向明圖治之會卯辰巳逼近離火之位是君子作賓於王朝也午正陽有泰階之象從辰巳升之豈非觀光乎午陽明君位巳未近之君臣合德功成各就之象

也午未申是聖主當陽攬權御下之象未申酉東南之舊減矣是以比之殘燈斷之也申酉戌乃金地肅殺何險如之曰霜橋走馬危之也酉戌亥純是夜方乃小人道長君子道消之時戌亥子以公私分明暗若占逃亡賊盜又當用夜方也

若逆連茹亥位逆推亥戌酉曰迴陰心懷暗昧之私戌酉申爲返駕主行肅殺之道酉申未名出獄主離䰡出羣疎者親而親者疎申未午曰凌陰主行險僥倖安者危而危者安未午巳爲漸睎脫凡俗而漸入高明午巳辰名登庸舍井蛙而

旋登月闕巳辰卯名正巳人物咸亨辰卯寅為返照行藏攸利卯寅丑聯芳悔吝須知否極泰來寅丑子遊魂乘凶坐見事成立敗丑子亥為入墓有收藏之態仕進無心子亥戌為重陰安嘉遯之形寧非沒溺

自亥而廻戌自戌而廻酉一團陰氣用事可以卜其心之所藏矣戌酉申肅殺之地昔孫臏占此不滿期而出刖足而返故名戌為獄酉不向戌而向申是為出獄不與戌之醜羣為伍而徙西南是平昔之親類反疎而疎屬反親矣辛申為陰而未午陵之陰陽交戰安危之機也睇指午未漸

而入之是脫凡境入高明意午巳辰逆轉又未中有井宿
午逆向巳巳中有蟾月闕是也巳寬大有正巳之象從巳
至辰卯正巳而正物人物皆歸於通達寅中有生火辰卯
返而從之是返照也陽明相比行藏自利發洩太過中藏
鳥有反爲吝象今歸寅卯於丑拔枝歸根方是泰來之兆
寅之陽氣正好發舒反入於丑子極陰之位諸事不利魂
陽魄陰向晦宴息百事收藏古者寧矢志沒齒靜俟不敢
進也

爲有進退之異焉有旺絕之殊衰墓總同退斷胎生進焉無

處退氣則吉事成凶凶事反吉進氣則安者益安危者益危長生等十二位所以象人之始終也要從胎處說起胎在母腹中養在始生之時長生則從始生漸漸長矣宜竟接冠帶何爲有沐浴一位蓋五行之氣不鬱不舒不凝聚不發散正復卦安靜以養微陽意這一點生意不得沐浴處一番閉藏如何得冠帶而臨官而帝旺也到帝旺處一生事業盡矣衰病死理勢必然至墓之後胎可言矣又加一絕字者五行之氣不絕不生不有十月之純陰何以得一陽之生絕正死生互換之交人鬼轉關之路也課義雖言

五行實字字切着人事細玩自見進退二字全在旺相休囚死五字中分别大抵吉氣進則聚若散則吉者不吉矣凶氣退則散若散則凶者不凶矣

順逆茹空名曰聲傳空谷退吉而進則不宜逆連茹空名曰踏脚空亡進宜而退則不可三間之課亦有緣由課傳六陽利於公幹課傳六陰利用陰謀半陰半陽源情審勢陰多陽少以理推求

陽爲德而陰爲刑陰從夫而陽自處癸爲閉而丁爲動閉主死而動主生

子午卯酉多是五陰所寄而日德從於陽干在四孟位上如甲祿在寅乙祿在卯甲則合己而以寅爲德祿乙則合庚而從庚之申以爲德也餘例推癸水潤下之性丁逢旬尾巳則口者言水氣在上不能開口也假如人在水中一開口便不能生矣丁火之性主陽主動是生之象正與癸相反

空亡乃耗散之神初斬首中折腰而末刖足辰戌爲綱羅之煞辰覆巢日毀卯而用宜遠

空亡爲天中煞人只知旬空爲十干不到處不知惟虛能

化此正天之中也故曰天中煞數中凡遇空亡不可便說不好要細察始見端的天罡之氣鼓萬物而出天魁之氣收萬物而入爲四時綱羅之殺言一綱無餘也在日辰上是靜位所以爲覆巢爲毁卯在用上是動機所以爲罡逢言一往便留礙也

年命若立魁罡動者靜而靜者動日辰加臨卯酉離者合而合者離

立是年命所乘神立於地盤辰戌之上非辰戌作年命也

三傳純子孫不求財而財自至三傳純父母勿慮身而身自

安三傳純妻財而父母克害三傳純官鬼而兄弟成災

畢法云六爻現卦防其克即此意也

見克不克從其鬼賊崖岸迫而勒馬收韁見生不生不若無生鳥兎盡而藏弓烹犬見救不救災須自受當如燕雀處堂見盜不盜本根無耗須識荆棘巢鳳

凡見克神要細看他並處若是生助他自戀生不來克我若是他之克拋他自受制不能克我矣下三句俱如此看如人之臨於危崖尚可收韁危而不危也鳥兎盡言八之賊恩於我者今已盡矣燕雀處堂而不知危機將至救神

無力也荆棘解盜字巢鳳則盜而不盜之意
合中帶煞塞裏藏砒煞遇空亡饑食丑李交車入長生之位
若盡丑來交車坐刑害之宮幸中不幸
吉中凶凶中吉須詳之子支門路止在上下照射處故曰
交車此處刑冲破害極有關係蓋交車二句似指交車立
地盤長生刑害也玩位字宮字自見不然與下節重復矣
先生後克樂極生悲刼煞入辰蕭墻禍起
樂極悲生即畢法樂裡悲意刼殺如亥卯未則在申其應
極速蕭墻應辰之一字

日辰神將交生龍虎聚明良之會日辰神將交克猿鶴爭風

月之巢

龍虎是合系的狀猿鶴是不合系的狀交生交克可謂極切

交車大墓瘡瘂雙盲交車冲刑風癱瘓膈

瘡盲俱切墓字風癱切刑冲字可見凡斷當各從其類

乙戊巳辛壬同四仲名曰九醜天地歸殃死絕休囚系加日

辰號爲二難夫妻反目

凡戊子戊午壬子壬午乙卯己卯辛卯乙酉己酉辛酉日

而大吉又臨日辰子午卯酉上者爲填九醜卦也蓋乙是

雷電始動之日震而不安戊巳是諸神下位之日又戊巳爲坤諸神淸虛之所合德於乾轉入坤維曰下位是也壬是三光不照之位壬祿在亥六陰俱足日月之光至此損照辛是西方殺物之位如何又居在四　陰位上大吉是十二宮神之主爲貴人之本家所以爲星紀言諸星朝會於斗也今又臨四仲極陰之位是爲九醜九陽數九醜言陽之醜也二難正配夫妻兩字

上下六合主客和同上下刑害寃仇相見引從日辰名曰用媒家必興而人必旺于首支尾名曰廻環成事吉而散事凶

男年支而女年干合後成婚辰加雞而日加綱巧中反抽太
陽照武宜擒盜賊月將加辰宅舍光輝魁度天門行多阻隔
罡塡鬼戶專任謀爲
旣定課傳次觀神將貴人爲百神之主得位爲福失位爲殃
螣蛇爲卑賤之神旺相驚異休囚亦主憂驚朱雀文書亦主
刑戮奸讒口舌白虎道路又爲官災疾病死亡勾陳主進滯
勾連之事囚主訟而旺主爭玄武爲盜賊虛耗之神休失人
而旺失物六合爲婚姻和合婦女得之則爲私門太常主酒
食衣裳武職占之則爲擢任青龍所主財物文官見之尤爲

恩寵天后雖爲婦人庶人得之亦主孕嘉天空奴婢妄誕太陰暗昧不明

大公前止用天將十二後見丑位爲巳土之精北斗之樞是十二宮洊化拱照之地因而加一名曰天乙貴人貴人卽丑也前五位引之後六位從之其間分文武貴賤男女如天后貴人之妻太陰貴人之妾空騰武皆貴人奴婢龍朱文臣常勾虎武將所不可不知也騰屬巽風火搖動不寧故主驚疑离火外明內暗故曰好譏火色赤故主刑戮虎處坤方故主道路又申金殺物故主官災病疾勾陳辰

也萬物至此勾萌甲拆未舒遲滯勾連之象也玄武爲亥水陰私暗昧故主虛耗六合和合之意婦人豈宜私合未味也言物至此月而始成味也故曰酒食衣裳者謂麻絮絲綿都於是月就緒曰武職者言巳午所生之金得未土而剛鋭之氣畢聚至申位方顯出純金來可見未中之金已旺于故爲武職寅爲三陽開泰號曰青龍正應文武之德世間財物吉凶嘉賓生死喪祭貴賤尊卑男女長幼邪一事少得所以屬青龍言共變化莫測也天后有恩澤意故亦云喜嘉天空誕詐太陰陰私是也

寅功曹主木器文書申傳送主行程消息卯太冲主林木舟車酉從魁主金刀奴婢辰天罡爲詞訟兼主死喪戌天魁爲欺詐或稱印綬巳太乙驚顛狂亥登明陰私哭泣午勝光官訟連綿子神后奸淫婦女丑大吉呪咀寃仇未小吉酣歌

醫藥

辰乘貴人合祿公門役吏遇丙而爲奔走公人戌逢空祿臨孟爲瞭哨邊軍見丁而爲逃竄落停大吉小吉作勾陳鬭爭田地天魁從魁爲六合奴婢逃亡從魁若乘武合妻妾懷娠傳送上會青龍子孫財損勝光如逢天馬必問行人太乙若

逢白虎家多疾病未逢天后婦人好淫丑合貴常欲添財喜
天空臨酉走失家奴常遇登明親朋酒食辰戌上見空武奴
婢逃亡小吉单逢六合婚姻聘禮
辰上原無貴人若天乙亦臨盤辰上則貴而不貴若合日
祿主為公門役吏但食其公食而已更帶日馬則為奔走
公人戊加天空軍人之象臨虛而為滕哨者言去路方縣
也丁者壯也惟壯盛善走所以落陣中亦能逃出從魁是
妻妾玄武為胎合是懷孕子孫歷代相傳傳送之意青龍
為財居申受克非財損而何勝光離火為日之精行遊之

象也更乘天馬豈非問行人事太乙在紫微垣內家室之象家遇疾病刑煞之神則抱恙可知未地始離於陽漸進於陰再乘天后奸淫必矣丑爲貴人本家太常爲財爲田合而得之則財產之事添益無疑天空爲奴酉門戶也奴臨門戶背主逆行亥卯未三今故未亥爲親朋也又未中酒食與亥其之辰戌動而不靜有奔逃之象空是奴武是婢臨於辰戌故云小吉主禮儀酒食又見六合牙媒之神其爲婚聘可知

辰逢勾虎必問田墳丑作虎勾墓田破損太歲龍常來占官

職子乘龍合女受皇恩寅乘龍 合兒孫歡慶二八如同陰武私通門戶搖動巳亥若逢陰后作二女爭淫不巳子作六合為蕩婦見亥亦作孩兒丑遇天空為矮子會申各為和尚寅作朱雀會卯為文章之士寅乘玄武見巳為煉丹道人卯上乘傳送為匠劉辰上見白虎是屠人巳入酉宮為犯刑遠配會太陰亦作淫娼酉加午上為媒姻登堂會六合必主淫亂未加酉為織婦申乘合作醫人戌作天空健奴軍吏亥乘玄武乞丐鬼神

天罡主動勾陳屬辰為凶墳之象更見白虎凶喪之神則

動問必在田與墳矣丑土主靜遇勾虎凶神必主墓田破損事太常君象文視青龍武視太常二者如近太歲豈非問守職之事乎子為天后龍為恩寵女與龍合目是膺受皇恩之象寅卽青龍喜神六合為兒孫所主必喜慶事二八謂卯酉如乘太陰玄武蔽匿陰私之神則門戶污淫必矣巳為雙女亥為雙魚都是淫亂之象子為婦女見陰私六合之神自然所主淫蕩亥為幼子乘六合兒孫之神其為孩兒無疑天空是戌為足而加于丑足為丑刑不能大長故為矮子天空亦作和尚申解作身身會空則身入空

門矣寅爲書籍文章卯爲士朱雀文明之象課象值此自是文人聲譽寅爲道士玄武不正之神乃竊取財物者也巳爲鼎竈相會爲一煉丹可知一說寅屬艮成言乎艮道在是矣上玄武下巳火水上火下正丹經所云取將坎位中心實點化離中腹裏虛也申者身也身琢木爲匠作又卯加申琢成器物罡乘虎殺炁太旺故爲屠人酉主殺是天地之刑官巳從巽入兌相克犯刑之義也又巳加酉爲配所刑必屬遠配巳雙女見太陰私蔽匿之將所主必淫卯事午正陽有堂之象從魁爲婢加午爲登堂若見六合

陰私之象其淫汚可知土生金者也金旺於酉土敗於酉以敗烝生旺金如子巳長成而母又生之故爲繼母申身也身入六合藥材之中豈非醫流戌者戌也天空戌之本位故爲軍奴玄武脫耗亥爲天門故云乞丐鬼神

虎踞二八之門八難興而三災發貴立天門之地四煞沒而六神藏

卯酉爲二八門諸事所必由今爲虎踞災難自興惟丑貴加亥方說得四煞沒六神藏四煞即辰戌丑未而加四孟地則化凶爲吉六神藏者蛇臨子朱臨丑勾臨卯空臨巳

虎臨午玄臨申是也
太常乘破碎爲孝服加天獄螣蛇生災致訟天空會勾陳爲
鬬爭並伏殃化鬼冢破人離天后臨卯酉一舉成名月將乘
貴龍片言入相勾龍同居旺地財寶却由常貴共入官鄉當
朝覲政
四孟金雞四仲蛇四季丑日是紅紗此破碎煞也太常主
衣服而遇破碎豈非孝服之象天獄即天獄煞也歲值天
獄卦亦是常乘此更會螣蛇驚恐之將災訟必矣天空即
戊勾陳即辰辰戌相爭文魁罡動摧豈非鬬爭伏殃並酉

逆四仲凡四仲為五陰之 地陰盛化鬼家破人離之兆也

又天后為恩澤之神月將君將之象又青龍為恩寵太陰屬金乃財帛之神勾陳積聚之神妙在同居旺地四字間功名一事大抵要官星得地若太常天乙共入官鄉而他處更無克害便是陞官遷職 吉兆

年臨孤寡自甘半世孤燈日遇空亡多主首陽餓死太陽加神后之位有水火之災太陰臨勝光之官主自縊之患財遇絕官而上乘旺炁定因白手成家子作白虎而下見離明多主螟蛉承嗣年命加臨卯酉作事朝移暮改龍合下臨丑未

爲人佛口蛇心武會太陰嘲風弄月虎同天后戀酒迷花財同朱雀主口舌上生財武見官鬼因好僞中成事財爲天后主宅主妻財作太陰爲奴爲婢年作卯酉而入空申隨娘再嫁時逢酉未而乘刃絕市井呼盧合武乘旺臨酉寅非雷驚必主沉溺虎蛇帶煞臨未巳非虎咬必主蛇傷子午卯酉爲關格謀望多主難成辰戌丑未爲墓神發用多因掩蔽

四時前孤後寡或值旬空皆爲孤寡若人年臨孤寡地占婚最忌日遇空亡非日干上見空亡单言日干落空則主空乏之事水火相激而成災干火克乾金乾爲首火爲心

必自害其首故有自縊之象財物退絕是白手之象上乘旺炁則絕而復興虎傷子息本應無兒幸離火克虎則絕而不絕卯酉爲日月往來之門故主移動不一六合青龍乃東方生炁主慈而臨於丑未上又主克是口慈而心毒陰金生陰水象淫泆又金水相涵風月有情白虎爲傳送之神會天后則閨門那得貞靜大凡事之成否要視官鬼經云不克不成事者此也申爲坤爲母申空而母不安室矣太年又加卯酉必主變動故云凡酉爲歌喉未爲酒肆又乘刃絕故不事正業但日趨於敗耗也六合屬震玄武

屬水氷雷屯正雷雨之動滿盈也故云又蛇虎凶神帶殺
乘巳未之生其凶愈甚故主受傷掩蔽要論旺相休囚
占天看雲龍風虎察水火升降以辨陰晴占地看玉藻金英
視神將生克以知凶吉占宅占人看日辰而次詳課義占獄
占病視勾虎而解救同論捕亡三奸之下可得鬼祟煩神之
位推詳占婚姻視天后妻財與日辰比合占胎孕看去來年
上方判陰陽占謀望要成神合炁占求財看旺相龍常占功
名先看吉神吉將占官職當明天吏天城
占地支之陽神是墓支之陰神是穴玉藻金英有之勾走

獄虎主病見此宜視救神凡亥子丑有一位加於地盤仲上則對冲處便為三奸對冲視天盤天后妻財日辰比合俱重若一處併吉便可言吉男女自夫妻年上推衆方的成神正巳順四孟合焉是合旺相之焉言成神有焉不休囚也龍常是財神

出行日為陸而辰為水視神將之生克以辨吉凶經商辰為主而日為客視神將之衰旺以卜合宜子孫動而求官不吉官鬼動則兄弟迍邅兄弟動則妻財有損妻財動則父母災危父母動則子孫受克官鬼動亦憂及已身吉神宜旺宜相

凶煞要墓要空吉神空吉中不吉凶煞空凶内不凶吉居德祿之宫出拱離隱而招祥致福凶居生克之地戀生解克而無暇害人貴人順治凶神少降災殃天乙逆行吉將聊施恩澤蓋子至巳爲陽亥至午爲陰乃天地一大開闔也貴人順治向南諸事吉逆治向陰位去則諸事主少吉

凶神刑害日辰連綿災患吉將交加傳課不絕懽忻凶神和合雖災而不致深危吉將刑傷有慶而終難全美日辰有彼我之分神將有尊卑之別克日則災及己身刑辰主禍延家宅男推日南女推辰於中求妙陽課明而陰課晦此際幽微

孟仲發用事應尊親季作初傳定應卑幼用神驗人事比合爲親爲近不合爲遠爲疎神將斷吉凶旺則日新月盛衰則漸退旋頽貴神帶印克今日有位有祿申午相加乘天后爲保爲媒虎克日辰官災癆病勾刑卯酉路死扛屍白虎會財相之金而克害年命難免一刀之患勾陳合太歲之神而刑冲日辰定遭屍解之厄年逢陰鬼魁地生災日遇陽官明中致福

太乙合處爲來之有路帶印非生我之印乃巳加戌爲鑄印也又戌爲印綬皆所謂帶印經云帶印印皆指遁于生貴

人說此大有理傳送象媒保午爲朱雀乃口古上生財是
也又傳送於道路而發用在天后日主訟辰主疾勾主死
屍卯酉主道路金旺虎愈旺其凶愈甚歲君合勾陳刑冲
日辰凶不可解專言勾虎者以二煞原極刑極陰之炁故
也陰鬼是建于道來之鬼陽官則貴見于上矣
要見分類形狀當視州野區分子列青州亦主江湖溝瀆丑
爲揚地更爲官殿橋梁寅主幽燕亦主棟梁寺觀卯爲豫州
更爲榷槨門窓辰爲兗州亦主井泉墳墓巳定荆楚兼爲弓
弩籠筐午王三河亦主山林書畫未爲雍地亦主酒肆茶房

申主晉分更主神祠鬼屋酉爲冀地又爲倉廩山岡戌主徐州亦主州城牢獄亥爲邠地更爲屋樹厩房此特舉其大畧於中仔細推詳

子作內房婦女鬼神兼泄瀉丑爲庭院禿頭病腹患脾腸寅主道路入長生則爲道士主鬚髮而病瘋疥卯爲門户會玄武而爲經紀主手背而病在膏肓辰爲墻垣書簿主皮毛癰腫之災巳爲窰竈小口主咽喉面齒血光午爲堂屋主心目吐瀉瘟瘧未爲井院主頭胃膈噎脊梁申爲驛遞主骸骨心胸脉絡不利酉爲門户主口耳小腸喘嗽難當戌爲墻院足

腿亦主夢魂顛倒亥為側閣瘧痢定應脾疝膀胱自茲觸類
而長當遵此例推詳
天后為婦女天乙生水鬼神變化之始丑為星紀塞土不
生毛故云禿頭木主肝又膏上肓下肝之表也巽為風未
人螣蛇火主血光未井宿先天午未屬乾為首未者味也
故言胃魂藏辰戌魄藏丑未瘧痢寒熱往來
先胥時察來情端倪無不應驗時遇空亡必主侵欺詐偽時
乘驛馬必主動改遷移冲日冲辰彼我流離顛沛同辰同日
事情偃蹇遲疑時日相生迭為恩澤日時克害且作仇寇目

克時則爲財時克日則爲鬼遇子遇午時往時來値卯値酉爲門爲戶時乘口墓雖冲而終成蒙昧日得夜時見貴而反爲不祥日逢時破主走失之災辰遇時刑應訟獄之禍時干目干相合外事和同時支日支相合婚姻和會日辰俱合明時內外見一團和氣丑時冲刑月將填刻有不測災來

古人以時爲先鋒門故未得課傳先視正時與日干祿墓生克何如又以天上正時所乘神爲直事而事之原委已可知矣如甲日巳時巳作滕便知其爲子孫憂疑事也

大抵四課三傳克多則事煩克少則事一生多則虛誕生少

則理明三傳內有克日子孫名爲救神無克則爲脫氣日辰交相入墓冲神號作天罡遇墓終成破損天地務致中和陰陽不宜偏勝鬼臨畏地當憂不憂財入鬼鄉聞喜不喜神將交克占及夫妻同類相傷事因昆季財遇天中產業傾頹鬼臨旬尾官災不起吉凶視其神將生死辨其安危條例多而同歸一理舉一隅當反三隅

天中謂空亡也旬尾謂閉口也

大六壬會纂指南

廣陵　陳良謨公獻著

古歙　莊廣之公遠註
當塗　柷世偉璧公較
新安　程起鶯翔雲定
荆楚　周元曙龍瀛參
鄖都　汪　松宗梓閱

天時

天象先占大角星（辰）　指陰主雨指陽晴貴登絳明（亥子）二宮時雨
沛豫卜陰晴此法精　龍入廟晴（寅）　龍加升天雨（巳午未）　龍加辰虎出
山林主烈風（虎加寅卯）　水運乎天歎霖澤　火離於地仰晴空　風

雨之方看龍虎風雨之期尋年扆騰蛇朱雀加卯丁雷雹霹靂空中覩　壬癸亥子臨寅卯甲乙之日見淋漓若加季位尋戊巳午丙丁依倒推　課傳不見亥子臨或見空亡可類尋子乘龍神丑上值青龍合處雨期霪如子乘青龍以地盤合處上神斷雨期

衰旺空刑須細辯財日有氣滂沱見無氣空亡微雨來如響應聲真可羨　風雷煞動大風起雲雨神臨驟雨來猛烈惟丁真足畏迅速飛符疾雨雷　雨師丑會畢酉雨滿天風伯未會箕寅風滿谷干在貴後雨倒河干在貴前風拔木罡加四季天無雲去日幾位是其候月將加時再一看丙

丁之下晴光透　金爲水母申　巽巳風從震卯發雷令兌酉爲澤更加神煞旺相推晴雨掌中端可索　陽備即陰不備晴令陰備即陽不備雨曲直生風炎上旱從革主晦潤下陰稼穡土晴可斷　占雪之法何以云太陰寅卯值用神青龍暫時天后久戌未日虎六合真　太乙翼蛇頭有雪天干遁起丙辛加雨水入傳無尅戰玄后龍陰布六花

陽宅

支來干位宅就人干來支位人入宅刑冲尅害生旺看否則二者有損益　初末引從支貴神背堂背構氣雜新間徧循

環宜守舊外戰內爭動有迍　三傳脫支生日干人多屋少

從此斷三傳盜干生支辰屋旺人衰何必算　三傳生支尅

日干賣屋買人免災悔三傳生干尅支辰屋假他人棄家退

三傳作財生兩鬼鬼三四臨官非疾病一時生支干相加被脫

尅居無正屋自然明　內順外助三合格最嫌竈裡暗藏砒

神合道相六合局切忌了又爲害之令中帶刑冲破害也　日祿加支

被脫尅遊房修屋防耗厄墓神臨支少歡娛如逢月將高明

宅　太陽生辰顯者至寶藏麟兒喜慶來干支祿馬加逢吉

身動家遷平事借　羅網來乘身宅下類如敗棟不堪居乎

支乘鬼傷八宅遇月刑冲凶豈虛　三四遇官災訟起若逢歲破少安寧于支上神如互脫防脫防偷事不停　虎八宅凶蛇冲吉龍乘生氣家其月居金谷兮龍虎拱卧雌雄兮隣獸傷虎冲支上神也　寅未爲傷朋摧見支乘常死孝服招死虎喪絕陰司去火鬼帶丁天火燒　午魁身凶忌見蛇丁傷支動須防虎血忌支厭煞入宅更防嘔血墮胎苦　喪弔于支兩處逢姻親啼哭恨無窮舊歲更乘天鬼煞魁支災疫一家中

三交九醜妨白髮遠在三年近三月全財化鬼類無妨無鬼父母眉壽竭　傳官太旺傷兄弟透印之時方得安兄弟

重逢妻財損子爻出現反成歡　父母乘傳嗣息憂比肩若

透反多子傳中盜氣木傷官　六處有財偏吉喜　支之左右

是傍隣辰上正冲即對門金見滕蛇發鳴怪木逢白虎棟摧

論　卯作門兮酉為戶須防官訟盜來侵未為泉井已推竈

要得平安吉宿臨　震巽木星為棟宇艮坤土宿作墻垣乘

凶乘吉須先定安宅安人繼後言

陰地

屬陰主山看坐落生合冲刑定吉凶冲位對山防剋害旺生

德合最宜從　上下皆合風氣聚干支受剋沙水去青龍左

輔空陷憂白虎右扶刑破處　伏屍支上臨墓虎朱雀空刑

山案塋土神旺處龍不錯龍神春辰夏未秋戌冬丑螣蛇落處穴應佳

玄神乘水玄臨壬癸亥子上水之玄土宿臨山貴常勾空臨四季上山勢抱陰

后水口蛇羅城勾陳明堂陰陽考勾之陽神為內明堂勾之陰神為外明堂申

乙木神林森丙丁火宿岡巒發庚辛冲虬路歪斜戊己古

塚休時別木火土金水俱分休旺　壬癸加臨水不謬旺相休囚仔細

詳禍亂相見為禍亂禎祥如遇斷禎祥

遷移

周徧循環內外戰占逢此課莫更移前空後益同魁罡遷動

家中悔吝隨　不利移居是何課初生未墓羅無破墓刃臨
身若動移吉慶無分有大過　旺祿不空當守舊返吟空動
亦如之昴星如遇傳蛇虎舊宅連遭新不宜　干支乘旺莫
圖遷遷遭羅網禍憂連兩儀好但乘死絕氣最利更新獲福
全　貴坐乾宮罡入艮自墓傳生新宅良伏吟丁馬遷居吉
九醜如移未免殃　斬關發用遠移近象虎入傳守舊安雨
虵來墓無沖破毀舊更新作咎看

香火

天乙乘鬼斷神祇天空作宮許佛位繪畫諸真當看玄塑成

衆聖土星類木將見金雕刻像金神遇火鍊鎔成相生禎
合禎祥斷逢魁逢沖禍患明

婚姻

夫卜妻姻成不成財居旬後空亡總無情女推夫婿將何斷鬼坐天中旬空同此評　傳將生合百年配干支刑尅朝夕皆男女年命孰相加欲其事遂兩法對　欲知偕老是何術全還財官虛與實財乘旬後鳳孤飛官坐空亡鸞失匹　中不虛兮初末虛冰人脫騙兩相欺遞生干兮傍人贊末傳合處驗成期　財常日本必占姻財乘太常或常加日本來意皆占婚水逢丁馬吉祥

斬關魁度亥風波動午女乘常晋合秦　傳財生鬼必貪淫

財尅生爻侮悍情詬背逆公姑之意　財乘暗鬼即遁鬼　官訟起財尅明

生財尅生爻夫命傾　日辰逢刁兩不良后合于支醜行揚龍傷

支令婦先損后尅干令夫早亡申酉公姑安可犯子孫嗣

息忌刑臨女貌姸娣尋后淫天后陰神男才修飾看龍陰青龍陰神

四課無遙婚必斜九醜有尅定憂臨無淫陰陽不備解離干上神尅支支

上神尅下心腹禍外爭凶淺内爭深　陽課不足女爭夫陰課不

備男競女二課婚後主有詞訟孤辰寡宿多尅刑狡童泆女奸淫詐

傳將見妻復入空中年絃斷無續嫗窒於其妻又見妻初離

有傷後再娶

孕産

受胎之期長生看妻年上神此處算月歸生年日歸月時又歸日再一玩假如婦命乘木爲胎綁看木之長生落何地盤即知其月叶孕又看月之長生落何地盤即知其日叶孕又看日之長生落何地盤即知其時叶孕也

婦孕申加夫命上婦行年上

一詳推陰神生女端可必陽曜生男却莫疑

男女須觀日上神剛于陽比是男身若還陰比知爲女不比陰陽兩處巡

一傳合西北爲弄瓦即從阜潤下局傳合東南是弄璋即曲直炎上局二陽包陰女衣裼二陰包陽男衣裳

純陽之課多生女課傳陰

極復生男豈加比月為男喜不比端然作女祭 陰陽昴星兩課舉陰俯是男陽仰女不備何能十月全陽備（即陰不備為男）陰備（即陽不備）女 一乳二子理甚約年命課傳須審確重逢建將（日月建也）是雙胎男女陰陽再思索 建陰為女建陽男卦象陰陽一法祭（如酉胎為兌少女也卯胎為震長男也以此卦象祭斷） 男女雙生何處斷于支胎位兩重操 欲識產期何者善勝光所臨最為便又有冲胎一法看女命納音冲處驗 生養之下究產期胎乘鬼死墮胎推年命（夫婦）冲尅胎神者生兒不育令人悲 懷胎凶吉古今難全憑落處地盤看生旺比和祥可知刑害尅絕

凶立驗　子毋平安最爲要須用支干細參照支傷損毋干損兒兩處無復傷子毋矣　又審盤中食局神死生尅制細詳論合受下尅傷兒命下制天后危毋身　生兒順逆理通玄卯戌相加細細研卯加戌上手拈地戌加卯位足朝天　干加支上子戀毋支臨干位兒生連胎加生方子生難兩儀干即支夾傳產門塞　羅網日墓毋多憂蛇夾月厭亦同求年命乘神若冲破轉凶爲吉又何尤　貴傳俱逆生頗難貴傳俱順生最易魁度天門阻滯多煞沒神藏應快利　胎逢偏鬼及玄神種子私娠斷却靈天乙癸傳名富貴可知兒是石[illegible]

解 懸胎五等詳宜忌寅加亥上家祿利臨子爲敗忌病推

申辰衰絕君須記

疾病

病症之源尋虎鬼從病之際看生龍（龍乘生氣）須防虎鬼駕馬匙

死墓絕空爲最凶　福德（卽子孫爻）加臨名解厄貴醫年命病全

安喪弔死皆分凶外病符臨鬼死生看　引鬼爲生忌收魂

（玄乘日墓）因妻致病嫌塚墓全然脫敗身厄扁鬼死兩逢疾愈難

鬼戶宜關人惡入（日下年命加寅）天門魁忌貴登嘉生空退墓

死格逆間遲痊倒拔蛇（空逆并死格　逆間傳難痊）　身屍入棺卜可斷

申加卯兩蛇夾墓疾難除忌支血症多崩嘔常后婚姪起病[illegible]

金水遇丁須兩論舊新病症驗空亡 新病應上字久病應下字 歲墓[illegible]

墓并蛇虎如臨卯酉犯重喪 網羅日墓覆支干害神沖[illegible]

危即安閑口絕祿忌合絕華蓋考身命年辨 苟矢見金亦

甚凶浴盆神煞有水還須忌自墓傳生危化安初生末墓多憂

事 虎頭蛇尾重還輕龍來虎初凶變吉庸醫殺人官鬼乘

子爻丸散能療疾 德喪祿絕最為凶貴臨福集禍轉福福集

子孫爻也 循環周徧二課名占病逢之多反復 卯加戌逆主風

摘子臨巳位定死亡六親還當逐類看課占大吉 大吉課占官則宜占

蕭主兩端詳大凶

出行

出行先看天干蹤即天上日干所臨處也務求地道五成逢天干臨地盤生旺處合相也中末兩儀玩其義七戰當須斷是凶謂刑沖破害空墓絕也中末逢空初不空遊人半路欲回蹤初中空陷末傳助在此艱難在彼豐　更忌驛馬居天出勸君不必似萍蹤若逢墓土卯月建及關隔天罡加四仲道路阻塞何時通　逼迫令人難進退干前之神測何因狐假虎威休妄動若還強動有憂辛　遠行雖不渡江河發用支干要合和干逢生旺宜行陸支上無

傷聽棺歌　河井相加不可往卯辰覆立死不爽大歲遭虛
予中有虛耗宜避之登明加季須放棄　干乘玄剋尅命年陸路
堤防盜賊連白虎臨干魁年命斷然抱病客中眠　年命加
支三與六吾愛吾廬樂潛伏驛馬居夜靜中看必侯天明方
駕馭　滅沒謂四季旺方也飛符去不宜長生日德遇合奇方神最
忌年相尅丑酉未寅丑加酉未加寅主有風雨一探之　干乘凶將支上
吉急往他鄉應有益支見惡煞干上無若安本分憂疑釋
斗繫日本利家栖天綱張時急避宜照人占得大吉課出門
有益在家危　初傳旺相末傳否前去行藏嘆不偶初傳囚

死末傳旺彼處機緣真個有末旬馬加季奔走吉傳陰傳陽兩法推（謂二陽包陰 二陰包陽）傳陽宜動傳陰靜源求数理不須猜

喪亾道路死絕臨驛杵旅程財墓見毒惡課體細推詳神煞乘之吉凶驗 旺祿出門騎鋼郵墓空登路霧雲遮虎蛇遁鬼凶重至貴德登門乔事論

行人

行人占法實多門學者還當仔細論一馬命年入傳課歸期有法從詩存 傳逆貴逆日用前白虎併程迯故園更求末足（即末傳）抵辰日干支五臨又値延 支上傳干人回來干傳

支上亦同測千若剋支離彼方反此卜歸歸未得　剛日伏吟丁馬見立刻遊人到草堂柔日丁馬逢刑戰關河雖遠亦還鄉

初傳若是逢空陷有阻還當逐類推未遇天中隣近滯仍詳神將爲何遲

中傳空亡途路阻詳察何神知爲誰返吟四絕人必至雖見天中亦不羈

四季玄臨法最奇六三合用地盤宜以用神合處斷來其近用六合遠用三合玄神乘季傳未入更在支辰下位斷來知期正時天乙入支干湖海行人會不難久去不知蹤跡處遊年分野細推看以行人天上行年所加之分野測之

天上行年遇陷空遊人累患客韓中行年加孟他鄉吉加仲爲災

加季凶　年居生旺比合喜刑衝墓絕悲哀擬吉凶好向課

傳看此法從來為正理　遥逆年命離支辰地角天涯幾度

春巳亥若臨歸路近無期因是在寅申　不識行年何以分

父當辰上致殷勤相生旺相俱為吉惡煞刑冲作暗云　日

與年神生合吉日上年神刑害凶支水干陸宜乘吉玄劫井

河禍事重　年臨三四來期速日之二課到時遲書信幾番

人未至支前四位上神知　孟遥仲中畢季速用神墓絕日

歸來（陽日墓所臨之下來　陰日絕所臨之下來）遊神孟歸期速仲在途問季速

回　所占若入課傳中逐其類分天盤探將神之司各有門

子父財官須一勘　發用前於本日支便觀天上日臨時若
遯發用居他處旅次盤桓未動移　三千里外卜將軍千里
須今看歲支五百之遙尋月建百里干臨五十時　須度門
限與二至未度倘須望遠征更逢遊戲二馬到生日之神定
何程　傳墓入墓不須疑征途攬轡歸心迫間進間退兩課
名他鄉阻隔分明白　末傳與支會日干三會歸時早晚問
魁罡二將乘二馬雖不入傳回故山　天罡加在日辰前千
里迢迢必着鞭若要居在日辰後縱然咫尺不思旋　卯酉
為隔子午關魁罡加處事多艱津梁風雨時時阻中路行人

未得還　朱雀天雞及信神課傳乘馬信音頻三神苦或逢空陷魚雁寥寥尺素淪　魁日生合書必來干魁用神書不寄天日臨時有便鴻遂類求之識何事　循環周徧兩課名旦夕遊人抵家下初魁未兮旆已還末魁初兮車未駕　傳將若兮三六中眷戀他鄉貧兮豈文干上逢羅網罥淹留客舍歎飄蓬　遊子斷關退作傳丁馬再動歸舊處遊殺丁馬行不停退則來兮進則去　更詳年月節旬候月辰正時鱗次透應期再向此中求諸法精奇無詿漏

遊謁

干謁之利三六合彼我兩儀欲相洽上六陽公事和諧看六陰私謀素親狎　拾並就損息動用根斷源消防耗失逼迫旺祿守舊宜周徧循環所求得　初空末吉終有獲首上尾加旬尾加旬首干何益度亥寒鬼二者推有阻無阻此處繹　引從告謁往必賄任信尋訪必難諧二貴合告分輕重六親生剋吉凶排　日德陰神見長短末傳合處是成期斷輪空亡須圖改鼎星蛇虎安舊宜

選舉

簾幕貴逢黃榜策魁罡將遇青雲客鬼斗臨干魁可掄文華

克歲犯時責 從魁生扶亞魁中辰未來臨解首逢萬里風雲看龍奮（即蛇化龍） 一生泉石有蛇封（即龍化蛇） 六陽月將生光輝兩貴拱夾榮名遂 華神覆日文理差羅網纏身書青晦 德入天門中必崇河魁度亥失登庸旬首冠羣詳五甲（甲戌甲申 甲子甲寅 甲辰甲午也） 貞朱超衆忌三四（一克太歲一克幘貴 一傍將出忌乘丁馬） 格見天心貴與常源消根斷（謂四下生上也） 貴商量雨露潤澤（謂四上生下也） 中無虞刑害空亡取次詳

武事

蛇蚓（巳） 象弓空最忌觜參（申） 屬矢要如意仲爲中坪孟角花

午貫正鵲季落地　一課一矢二課二三課三矢四課四發
用箭數課中詳旺相休囚加減記

仕宦

欲問前程有與無日辰虛實定榮枯臨官帝旺干支遇爵祿
崢嶸任帝都　六陽數足功名顯前後引從卿相薦傳神互
克妨諍章課將遍生聲譽遍　三傳退間蛇倒拔三傳引進
龍飛天將逢內戰官超轉德祿天門名顯傳　鬼躍逢虎號
催官祿神臨支當替役凶喪羅網返遭遲富貴日辰丁見疾
魁度天門龍化蛇貴臨鬼尸蛇成龍吉課殊情分仕康大

格巽用別賢庸　天乙卯酉號蹉（格）跎微（拵）服朱雀值鬼防

魁落六處生旺遠大推凡古墓絕廚官爵　武視太常文視

龍二神切記怕逢空龍常克下鴛班憎丁克龍常災廢叢

帝旺臨官日辰上城（天歲）吏（天吏）龍常仕途暢遷期千年支月推

內外日用生克量（龍常生日比日克日陸有內　日生龍常克龍常遷在外）

求財

財明休旺生官忌彼我干支害合論旺祿受脫各償借于財

傳助號還魂　順克非凶遞生吉妻防生討兄爭力（比肩大旺）未

助初財贈助多支干相加彼我益艱艱難（謂初中空昭也　末傳見財德）

避難謂財坐空絕克脫處也如是便看日干下坐財此謂避難之財坐身下也詳坐來墓戶廢門

驗發端貴坐生合求財吉財逢空墓最為難　交車十法損

益配三吉七凶專遇生合愁破碎財乘丁馬忌庚辛壬癸見丁看

事類　鬼財險出須急求絕財丁結入墓憂玄武防失內爭

長龍生值喜徐徐獲　奇儀周徧枯木榮閉口鼎星皆不成

網羅任信空費力成期須將未合詳

買賣

交車生合動無迷末助三般遞生奇互相生旺愁羅網死墓

如逢怕關要財墓併關　進步艱難喜末吉謂初中空末不空要見財德長生病

符遇生舊更新生涯遂意兩貴拱祿神乘旺靜無迍　登天
門分善惡內戰外戰察重輕生氣青龍財疊疊常乘財印
喜盈盈　龍背與脊獨足利虎頭覓利九醜忌閉口源消自
不住天心週遍財如意　傳進當行問退止有防生計為財
多損耗資財因劫衆財爻空絕必蹉跎

占訟

占訟日辰分主客日為客辰為主先動為客後應為主　課傳官鬼斷輸贏日上有鬼
不利客支上有鬼不利主發用克日客輸克支主
輸如干支上神受克及干支上下交互相克亦然　勾陳帶木
虎謂白虎帶旬遁或
王并元遁巾之王也　庭訊須知犯有刑　子孫制鬼患

有救父母化官禍無傷害合匯分窮解結逢合事解逢害事結仍觀旺

敗定災祥逢旺者祥逢敗者災空亾喜懼推亨患墓庫欣憎分結散

傳互剋于有衆救用神内戰禍相犯 末助三般仔細論忌末生初鬼

將傳間逆禍難伸貴豈柱一尸知殃退虎鬼乘馹即馬載虎鬼

識禍頻 朱勾尅日莫興詞妄舉輕為自投死二將君也生

日干勘官貽雪人欣喜 虎頭蛇尾初虎末蛇禍不凶雀入勾鄉

午卯辰也訟為最重事情大若犯歲君坐死推朱雀尅太歲也螣蛇夾墓小斷

大 丁動刃逢即祿前羊刃煞也遭縲絏龍陽生過禍消時青龍大陽生忝

也 五行決罪木主笞秋火主流血余主斷刃土主徒禁水主流罰明天將二赦即四季天赦及

皇恩解凶分地支　兎犬卯手戌足相加防弔拷鷄蛇酉巳相加爲配發用

定成徒循環周遍日纏綫根斷源消綮罄無　勾陳白虎同

尅日犯法之人遭刑戮太歲貴人作恩星謂生日也罪雖至重還

輕逐　格凶定當以凶斷課吉還須作吉推鬼賊絕處訟了

結要在官鬼絕處上字定絕期末傳中處定散期要在末傳中處上字定散期

隱遁

天羅地網欲何之塞鬼登天可遁馳傳將見凶干上吉逃生

無囚不須疑　干上子孫傳鬼賊患門有救便無傷丁馬最

喜加年命虎鬼臨身禍急防　有墓昏迷忌兩蛇無蹤混沌

昉蛇虎（即昴星見蛇虎）長生月德避之佳　天目直符逃者吉　暗鬼魁日災患侵　男大當門（戌加亥上）禍自深　斬關遊子天涯去　內戰天心途路禁　遠近發用憑休旺（休囚遠旺相近）傳將最嫌逢墓空　天地兩儀須細玩　避凶趨吉用無窮

逃亾

追尋逵土詳日德　捕捉逃奴看支刑　德魁刑神必易獲　刑魁日德定難尋　父子夫妻屬六親　還將逐類細詳因　酉婢戌奴觀異姓　空陰兩魁落處真　盜竊奸淫論賊邪　伏吟主近無依　遐里數多寡測魁坐（看戌臨何宮以上下數乘之）　誰格善惡定凶嘉

賊盜

占賊行藏須視鬼玄神生尅看加臨卜賍失得憑財斷子孫休旺定追尋　玄武來方看所苻地支臨處知賊去謂玄武所臨地盤之支遊于何方也穿牖越牆是懸繩神絛鑿壁踰墻因馬御玄乘騾馬玄居夜地越關梁武在書方申身莫臧丁馬亥加遁必遠太陽照曜捉還鄉　旬首乘玄度四獲河魁度亥隔難捕遊都之下訪賊人公勝盜時官尅武神宅逢盜脫家人竊鬼乘生氣去來頻子孫出現爲捉賊鬼遇刑冲自敗擒　癸用爲偷即賊身中傳爲賍末捕人一數至陰辞數目五行生處物藏真

歲月克玄彌年月日時傷彼期自時首尾相加問不說財
爻空陷贓難追　六處無武難妄擬貴順玄藏自失憂課見
螣蛇鄉邑寇年乘玄武室人偷　循環周徧去復來羅網破
敗失資財鬼脫乘玄遭盜竊伏支前後返冲排伏吟貴順支前一位捕貴
逆支後一位尋返吟賊在玄武對冲處也　貴人順治終玄捉玄武末傳天乙逆行初
武尋玄武初傳初將比和賊安處玄神內戰分贓爭　歲勾朱虎
應自首如玄陰見太歲勾雀虎主自首官　龍合陰丁助有神玄武三傳月辰
土賊人還歸莫告陳　三傳玄神賊居處初中有克末神尋
行年上神傷武盜發使追求早見擒　盜神末虎勾蛇合不

死遭官被吏纏更將玄武三傳筭上克下賊卽敗旋 天乙順行賊遊走逆行方識賊藏腨里數但知玄武上上下相乘數若干 大賊亡神天目星如捕大賊須視此二神賊居其下莫教驚

亡神旬內甲居乙天目春辰順季行

田蠶

金宜二麥不宜他水本稻粱須種禾火防亢旱宜黍豆土生萬物自溫和 。早中晚田三傳別旺相空亡刑害詳勝光蠶命忌見子太乙加午凌自殭 戌黃亥死丑則危寅繭卯絮申為絲辰薄相生本是吉尅命傷午凶隨之

六畜

楚魚巳 周鹿午 伏星豬未兕卯 秦鷹未 暗躍栖捕 捉狼戌 熊

亥分魯衛獺敢猴卯 雉酉 看東西 戌爲犬兮寅屬猫雞是

酉兮馬在午丑牛未羊喜逢龍卯騾亥猪怕見虎貍相爲吉

絕墓凶六畜繁生可日觀

大六壬占驗指南

毘陵陳良謨公猷著

江都張　翮雲我較閱

無城倪長發蘇門選集

新安程翅鸞翔雲叅定

古歙莊廣之公遠編次

鳩茲凌　先昭令較閱

天時

戊寅三月己巳日乙丑時天氣亢旱萊陽臺中遲父師因

思宗祈雨古何日有雨

常辰巳　　　巳午未申

青丑辰　空六貴　辰　　酉

空寅巳　寅亥申　卯　　戌

六亥寅　官財子　寅丑子亥

遙尅　玄胎

斷曰巳午之日先有狂風起出旬甲日小雨乙日大雨葢斗罡加未爲風伯發用功曹刼殺尅日故主有狂風又貴登天門龍神飛天皆行雨之象因中末亥申空亡故言出旬有驗甲日小雨者衰休氣空亡也乙日大雨者子卯相刑也

丁丑十二月丁酉日癸卯時江西籍刑部兵長垣諱應遴曾

先生因雪後天　空巳丁　朱空空　午未申酉
氣昏沉自將劄　勾卯巳　巳　戌
數斷云明日必　常未酉　丑巳巳　辰　亥
雪予以六壬斷　空巳未　子比比　卯寅丑子
斷曰明日無雪且有日色太陽發用乘朱雀乃南方火之精
也且三傳四課純陰陰極陽生必有日所至庚日未時有暴
風起酉為風殺未為風伯酉與未會故也又日祿乘白虎加
庚上下尅戰故有此應
甲申十二月甲申日癸酉時予往淮陰時鳳陽施揮使相召

守戒見天氣屏　陰巳申　　　亥子丑寅
況占元旦有雪　蛇申巳　蛇勾虎　戌　卯
否　　　　　　勾亥申　甲亥寅　酉　辰
　　　　　　　虎寅亥　鬼父兄　申未午巳

斷曰不但元旦有雪今晚亦雪因斗罡加丑陰象也況申為水母發用生中傳亥水又乘螣蛇乃雙雪頭灣曲之形是以斷今晚明日有雪

庚寅五月甲戌日辛未時途中偶遇一人因天氣亢旱問何日有雨口報未時

朱卯甲　六辰卯　陰亥戌　后子亥

六勾龍　辰巳午　財子子

酉戌亥子
申　　　丑
未　　　寅
午巳辰卯

比用　聯茹

斷曰明日必雨六日後連雨天罡加卯日居貴前雖三傳火土亦主大雨況龍神飛天貴入居子皆行雨之象第神后加亥故知明日必雨辛巳居中傳壬午臨巳位巳中丙火遁寅辛金作合化而爲水又辛壬上見亥子壬癸加臨巳午果六日後連雨

庚寅五月甲寅日丁卯時因天氣亢旱聞鳩鳴遂占一課看

有雨否　空未申　虬白六　丑　寅　卯　辰

絕嗣　蛇子未　子巳戌　子　巳

八專　空未寅　亥　午

蛇子未　父子財　戌　酉　申　未

斷曰鳩雖喚雨此課乃風大雨小之象蓋以神后發用旬空中傳白虎風殺旬丁又風伯臨干支會傳寅寅中有箕宿好風豈不今日有風夜子時填實旬空豈不微雨因休廢空亡故略灑塵而已

甲申五月巳丑日庚午時偶見日有大暈圍繞衆皆曰此祥瑞之氣應於福藩子細傳一課

元首　迎暘

六酉巳　玄白龍
蛇亥酉　卯巳未
玄卯丑　鬼父兄
白巳卯

戊亥　子丑
酉　寅
申　卯
未午　巳辰

斷曰發用玄武賊符克干魁亥蓋干爲天位而乘敗氣支爲社稷而見死神且歲君臨滅沒之方貴人又不得地中州吳越必失封疆君國敗亡之象後福藩登位一載而失國此其應也

地理

庚寅五月乙酉日戊寅時庠友劉二兄占風水吉凶

六酉乙　龍貴虎　丑寅卯辰

涉害　不備　陰寅酉　未子巳　子　巳

亂首　陰寅酉　財父子　亥　午

龍未寅　戌酉申未

斷曰此風水在西山無真龍正穴然不備之中亦有好處何
以論之玄武為風水臨卯加戌是西北山岡也未為夾龍雖
空乘進氣螣蛇為穴加亥落空喜乘旬丁長生主穴活溪有

情然美中不全亦有可取喜貴入左　逆水之局四課下寅
之對沖爲對案是申理合艮山坤向兼丑未分金也勾陳土
明堂陰陽二將見財官暮貴朱雀河魁建內臨巳是對案山
出交明富貴利於中房也但嫌子爻空戰定艱於子息酉爲
日之胎神陰見寅木生巳火子爻辰年十一月酉日主娌妻
有娠速生兩見因巳爲雙義故也但玄武坐辛主墻邊小路
克比有與兄弟宫有碍況龍虎空戰長季房分入財不旺后
陰爲水口螣蛇作羅城喜其緊關包固但初年兩備時貴逢
空一二代虛利虛名未傳子爻爲亥之長生學堂陰神河魁

乃文明之宿三代中房長房子孫必出青衿科甲之貴文兼武權之職存此一案以俟後學依而斷之

婚姻

巳丑五月癸酉日辛酉時相知友人李庚自占續絃婚姻成否

蒿矢　退茹

龍子癸　空亥子　玄申酉　陰未申

陰后貴　未午巳　鬼財財

未申酉戌
午　　亥
巳　　子
辰卯寅丑

斷曰占婚必成成後必有齟齬因干支上下相合支上神又

生下女願與男速姻喜財官旺相失婦諸老有子之象也有
訟者何中末生助初鬼廻害日上龍神又財乘旬鬼必主因
妻致訟娶月餘前夫之弟告理破財旬金庚寅歲果生佳兒

孕產

丁丑十月癸丑日辛酉時大司禮韓化淳曹公奉　上傳令
靈臺牌子太監　常未癸　常未常　寅卯辰巳
陳國用占東宮　朱丑未　未丑未　丑午
田妃六甲　常未丑　鬼鬼鬼　子未
元首　返吟　朱丑未　亥戌酉申

斷曰此男子之祥也然生而難育應在卯年葢因純陰返陽支上神與支相比故生男必矣然而卯年不育者何也胎神夾魁無氣此追魂之魔卯爲東官子宿受酉將陰殺冲魁是以知其卯年不育矣幾田姓生第六子卯年命殞

庚辰三月辛卯日丙戌時子寅現子街隣人江右傳姓者求

占六甲

伏吟　龍獸

常戊辛　　蛇陰蛇　　申酉戌亥

常戊戌　　卯子卯　　未　　子

蛇卯卯　　財子財　　午　　丑

蛇卯卯　　　　　　　巳辰卯寅

斷曰此必雙胎皆男子也主八月戊日辰時生好子清吉何以知爲雙胎以月建重疊作胎神乘旺孫故也何以知爲兩男卯屬震爲長男日上河魁乾宮所屬亦男也何以知八月生酉冲卯胎戊日辰時者戊爲養神俟辰來冲于上戊也

丁丑年四月乙酉日乙酉時嘉興馮爾忠占六甲

重審　伏吟

斬關

勾辰乙　勾辰辰　后酉酉　后酉酉

勾后青
辰酉卯
財鬼兄

申酉戌亥
未　　子
午　　丑
巳辰卯寅

斷曰產必雙胎一男一女然男必生而女必死何也酉爲日
之胎鬼死炁偏房婢室之孕不言矣但未傳卯作支之胎神
生炁中傳酉兌爲少陰未傳卯震爲長男其男予生者胎財
生炁也女子死者作死炁日鬼也

巳丑二月辛五日巳亥時偶有一回予煩庠友孫石渠占生
育將所占課與　虎酉辛　陰玄常　未申酉戌
予斷看吉凶　空申酉　予亥戌　午　亥
重審　退茹　陰子丑　子子亥　巳　子
天獄　玄亥子　辰卯寅丑

斷曰占產難生子毋皆亾友人曰一手先出矣據課子必難保子曰不然先毋生子時先一日晚手出次早脚出母子無恙此課河魁渡亥子被阻隔天獄無冲其子何由而出日干上虎乘遁鬼支上子乘遊魂天后象毋受寅貴刧殺制尅是以子毋不保未幾子未出毋已死矣

甲子四月癸卯日戊午時子同公明長兄訪徽州戴義宇古課

陰卯癸　朱勾空　戊　亥　子　丑

貴巳卯　未酉亥　酉　寅

蒿矢　不備

貴巳卯　兄父兄　甲　卯

朱未巳　　未午巳辰

余問戴曰知來意否戴曰時為日之胎神必為六甲占也余曰然男乎抑女也曰干上卯屬震長男之象又是蒿貫三傳四課純陰陰極陽生生貴兒必矣且支加干御首見子生必順利但四課不備未能足月生於何時曰六月生後果一一如斷余又細看之干中胎神子上見寅干日寅時生

考試

庚寅七月甲申日丙寅時宜陵縣兒占府院試可入泮否

常巳甲　　亥子丑寅

大[illegible]

重審　玄胎　龍申巳　龍朱后　戌　卯

交車　朱亥申　申亥寅　酉　辰

后寅亥　鬼父兄　申　未　午　巳

斷曰不但府試高取院考定然首薦盖因月建旬首發用龍未乘旺相現於初中末傳德祿驛馬又干支交車生合傳將進引斗罡天喜加行年朱雀乘丁神進系文字必貼主司之意丑格合天心主非常喜慶掀天揭地也是以首薦無疑又問該就府送考該就司送考予曰六合加於辰未兩籍穩妥後果首進

壬午五月丙戌日乙丑時予住淮安都府前有江陰六壬袁

友為宿遷陸庠　蛇子丙　蛇常六　卯辰巳午

友請奮翼者占　常未子　子未寅　寅　　未

歲試　卯一　空巳戌　兄兄父　丑　　申

度厄　不備　蛇子巳　子亥戌酉

斷曰院試必取科舉省試未能遂志問曰史撫臺已陞鳳督去否余曰必不能去蓋因驛馬坐墓于神歸之靜象也又問友病余曰胎鬼發用血忌加支又四課不備病主脈息虛弱心胸不利以致失血必因胎產所致冬月不條又問宿遷令

歲安堵否余曰賊將加干支冬月必有兵警然日之陰陽自是中傳制初末兵敗怯而退干神生支居守保固無破城之患後四事皆驗

鄉試

癸酉七月辛卯日庚寅時揚州明經宗開先先生諧張向之來占科場事報

寅時

涉害　曲直

常寅辛　貴午寅　蛇未卯　龍亥未

蛇龍玄　未亥卯　父子財

子丑寅卯
亥　　辰
戌　　巳
酉申未午

郎今中矣曰何以報一時即知其中蓋因先鋒爲幕貴且臨日上月將官貴又加寅命是以必中無疑然發用未作旬空必俟來年太歲塡實方中甲榜

戊子八月丙辰日余住金陵時右方伯東省孫興功老師爲本日辰時又爲酉時占兩人鄉試

勾巳丙　句玄六　申酉戌亥

勾巳巳　巳申寅　未　子

青辰辰　比財父　午　丑

青辰辰　巳辰卯寅

伏吟　斬關　玄胎

斷曰辰時者前刻酉時者次之蓋緣天罡爲領袖之神從魁

暮貴在後故云及排辰時課三傳巳申寅干乘德祿支見月將青龍又祿馬入傳凡士子巳試後得伏吟必中酉時二傳子未寅也初傳太歲空戰暮貴又入墓庫故次之放榜時辰時者監可球中二十二名酉時者常熟趙姓中副卷此二者俱以時斷中也

丁卯八月乙巳日甲申時浙金華何伴鶴來揚相訪予老母求占汝兄弟鄉場中否

貴子乙　玄龍蛇　辰　巳　午　未

常申子　酉巳丑　卯　申

蒿矢　從革　螣丑巳　鬼子財　寅　酉

亥酉丑　　丑　子　亥　戌

昆躬皆中年命在前亥命在後益因蒿矢見金如箭有簇自四發用箭數合式未雀翱翔文事武備皆得之矣且貴臨貴位必得兩貴周旋推薦而中放榜後果前後一一不爽問曰何以分前後因三傳逆令又午命甲寅亥命丁未故知之

會試

丁丑正月巳巳日巳巳時滕縣諱盛美張公祖有入門生館試請六壬諸友所斷之課排出

陰寅巳　　六酉寅

六常蛇　　酉辰亥

卯　辰　巳　午

寅　未

與余占

貴子巳　子此財　丑　申

無祿　青未子　子　亥　戌　酉

斷曰惟戊戌者必中餘皆不然衆友與余爭云屬牛屬虎者中予云放榜時自驗張公曰公之斷卽與衆不同此乃吾本房首卷亦望其中然昨閱其文恐未必然余曰初末暗拱戌命月將甲貴臨年是以中甲無疑朱雀又生慕貴其文甚貼試官之意及放榜果中始知爲當熟蔣曉仙也

甲戌二月戊辰日丙辰時長興前刑理禮部諱繼廉王公祖令小僮持字來占

返吟　玄胎

未亥戌　　寅卯辰巳
常朱常
常巳亥　　丑　　午
巳亥巳
六戌辰　　子　　未
父財父
玄辰戌　　亥戌酉申

斷曰素所占者皆不許中惟此君必中高魁曰何也蓋因戌曰返吟是德人天門發用又丑未兩貴相加斗鬼合爲魁字是以必中高魁不須疑慮沖尅生空必荷聖恩之象及放榜後王公祖三公子偕來相顧乃長興周仲璉先生也

癸未二月乙丑日巳卯時何九叙爲泰州孝廉宮子玄占會

試

從革　周徧

貴子乙　辰巳午未
常申子　卯　　　申
玄酉丑　寅　　　酉
青巳酉　丑子亥戌

青蛇玄
巳丑酉
子財鬼

斷曰此課占會試必中無疑緣傳將遞生格合周徧且于支交車生合文思洒洒題目合舉子之意又喜未雀遁丙乘旺支文章華藻正合時宜主試官推薦高甲當寄聲卓翁

丁丑二月癸未日戊午時同鄉孝廉孫大宜先生叩報午時占會試中否予袖傳一課

貴巳癸　　子丑寅卯
勾酉巳　勾常貴　亥　　辰
空亥未　酉丑巳　戌　　巳
陰卯亥　卯官財　酉申未午

涉害　從革

斷曰貴德財馬臨身且居太歲之㑹必應今年甲榜況年上月將青龍主片言入相又旬首河魁爲官乃文明之宿二者會於行年定是今年甲榜後果然

戊辰八月甲戌日乙亥時占長兄公明進京會試

六戊甲　辰　午未

重審　斬關　后午戌　六后白　卯　申

炎土　后午戌　戌午寅　寅　酉

白寅午　財子兄　丑　子　亥　戌

吾兄必聯捷而去葢因河魁臨于癸用貴居命年上下又太陰臨卯傳將遇生格合盤珠喜朱雀遁乙奇乘長生旺炁文字甚貼試官之意傳送加子爲中中埰是以中甲無疑放榜時果中三十九名後官至大元戎晉官銜封治安伯

丁丑二月乙未日丙戌時安慶保舉明經阮實夫代劉若宜先生占會試

六巳乙　　后陰玄　　酉戌亥子
朱午巳　　　　　　　申　　丑
常申未　　酉戌亥　　未　　寅
后酉申　　鬼財父　　午巳辰卯

蒿矢　連茹

斷曰為人代占今年必中蓋發用日鬼皇恩中傳河魁天喜未見長生太陽最利試場之象支見暮貴官星又朱雀生太歲文字華藻合時課名革故從新更鄉科而中甲榜必無疑矣但嫌于支上乘互絕居官未能遠大後補刑部主政恬退不仕　又為代占會武會中兩名亦此課　予曾占病亦死

二八

丁丑二月乙未日辛巳時太倉吳孝廉諱克孝者偶至安慶

阮實夫寓中相　朱戌乙　未常未　寅卯辰巳

晤間占會試　常辰戌　戌辰戌　丑午

返吟　斬關　后丑未　巳財財　子未

稼穡　龍未丑　亥戌酉申

斷曰三傳年命魁罡俱空如何敢許甲榜但丑未年丑未日

丑未合而爲魁又是必中之象但中後居官未能滿任卽有

丁艱之事葢傳課純財則印爻被克矣吾鄉閻和陽先生辛

朱會試乙丑日占得返吟一而中亦此課也

仕宦

辛未三月甲申日辛未時萊陽遲芝萊吉安王旋官兩父師

代占陞遷

常巳甲　龍申巳　朱亥申　后寅亥

龍朱后　甲亥寅　鬼父兄

亥子一丑寅　戌卯　酉辰　申未午巳

重審　玄胎

斷曰此課大吉推陞官爵必的何以言之課中龍常並見城

吏全逢初傳青龍內職必有奇遇超遷中傳朱雀生日中有

公卿交譽末傳驛馬德祿俱入天門居官定然顯赫且寅為
天吏天后為恩澤非天官而何後屢 旨另推乙次終點閣
總憲為冢宰然式中貴履地網龍神下賊主自欲退位次年
夏果請告歸里

丁丑七月戊辰日丁巳持淮陰蔡熙陽任北京中府時占楚
省楊大司馬何
日罷官
聡茹 別責

龍午戊　空未午　勾巳辰　龍午巳

蛇龍龍
貴午午
鬼卯卯

酉	戌	亥	子
申			丑
未			寅
午	巳	辰	卯

斷曰司馬尋入相出將矣而以去任卜之可乎蓋因發用驛馬騰蛇中未月將青龍生日辰年命又蛇化為龍太歲作貴人命皆入相之徵也天罡加卯靜有動機况課傳大吏二馬全逢干支上乘羊刃勾陳出入將相無疑戊寅六月　思宗召對稱　旨果入相巳卯歲督師勦賊果出將

戊辰年十二月庚寅日庚辰時徽州汪仙民邵無奇在京占少宗伯馬康莊能拜相否

龍午庚　龍六蛇　午　未　申　酉

六辰午　午辰寅　巳　戌

涉害　顧祖　后子寅　鬼印財　辰　亥

玄戌子　卯寅　丑子

斷曰馬宗伯不但不能大拜且不日還鄉矣何也凡在朝官占得頓祖多不滿任又初中空亾龍化爲蛇急宜猛省退步且龍神勉下尚欲強進定遭不足後果枚卜不就次年察處回里未从棄人間事從赤松子遊矣

丁卯十一月甲子日巳巳時雲問楊方壺太史自燕京抵揚索占

陰亥甲　龍未后　巳午未申

元首　高蓋　白申亥　午卯午　辰酉

三交　常酉子　子比爻　卯戌

龍午酉　寅丑子亥

斷曰龍神發用無氣又上䰡下是以暫歸林下明春祿馬生龍神定然出山由此位踐公卿太史曰星家云十二月久利曰更有當塗雅薦曰前此何以不利余曰勾龍刑䰡申酉七八月間不利曰因何不利答曰辦德蛇栢加有邪正同處之非耳又問何如曰傳中太歲朱雀遇䰡年上貴人必爲門戸是非太史遂默然次年春初果起官歷轉官詹

庚午十二月丁未日庚戌時暹王兩父師僧子不覲時行至東門請占之課

人事　斬關

后戊丁　亥子丑寅
常丑戊　陰后后　戌　卯
后戊未　亥戊戊　酉　辰
常丑戊　丑子子　申未午巳

斷曰所占必是顯宦何以知之蓋發用官貴日德而式中貴人又居歲君日祿旺位斷非尋常之官曰此公將來若何答曰不能久任何也干支乘墓祿馬空陷又太陽入山豈能久居廟堂乎次年三月因言請歸後知爲大冢宰王射斗先生也

丁丑四月丙申日丁酉時安慶阮實夫在燕京索占不言所
事

伏吟 玄胎

勾巳丙　　申 酉 戌 亥
勾蛇虎
勾巳巳　　未　　　子
巳申寅
蛇申申　　午　　　丑
兄才父
蛇申申　　巳 辰 卯 寅

斷曰仕途得此主有臺省叅劾秋解任去然係何命曰癸酉
余曰此公必居相位但不久留矣何以知之太陽日貴臨命
非宰相而何獨嫌三傳遁剋伏吟丁馬定有叅劾行動之事
況太陽酉隆揮戈返景能幾入乎後知爲烏程溫首揆占後

果被論秋月進馳驛而歸

丙子二月辛巳日辛卯時湖州陸金吾占總鎮陳東明奉命出師江東

元首　炎上

貴午辛　　貴勾常　　辰　巳　午　未

勾寅午　　子寅戌　　卯　　　　申

青丑巳　　比財卯　　寅　　　　酉

玄酉丑　　　　　　　丑　子　亥　戌

斷曰春得炎上進氣又合元首三奇高爵宰官不復言矣但干敗支墓且乘火鬼天魁合中犯煞透易旅之九三旅焚其次喪其童僕貞厲不惟與師無濟且有他虞即官至卯年亦

不見利由卯上乘白虎驛馬名為回馬雖是剝官之煞幸結
木局生起初傳官星故催徹回勦賊庚辰太歲受尅子水司
令制傷火局退位俱驗

丁丑八月巳未日戊辰時經筵講官安慶阮龕平太史云先
日與門申相公以八年講官拜相吾今亦八年枚卜若何人專

常申巳
玄酉申
常申未
玄酉申

虎未比
常申子
常申子

酉 戌 亥 子
申 　 　 丑
未 　 　 寅
午 巳 辰 卯

斷曰太史雖有公卿推薦恐不能也曰何以見之蓋因日此

虎勾自他處發用究有秦人任風憲兵刑之職者不由詞館入閣且中末干支年命俱見羅網是秦晉梁益之人在中阻隔又夜貴居本命太史必賦歸來矣後果點秦中薛國觀先生蜀中劉宗伯入閣

辛未四月巳未日戊辰時東省兵長垣仇庸足先生占

蛇亥巳

玄卯亥

蛇亥未

玄卯亥

蛇玄龍

亥卯未

財鬼足

子丑寅卯

亥　　辰

戌　　巳

酉申未午

八事　曲直

曰此課占功名將來遠大非常格也曰何以論之傳將本
局官星崢嶸喜本命丁馬恩星以化之爲逢凶也吉遇難呈
祥之象且木逢初夏正在榮旺之際又蛇化爲龍將來事業
日新功名顯赫不待言矣後歷任通州擢重南大司農大司
馬請告歸里

癸酉七月甲寅日壬申時浙嘉善諱龍正陳先生在京會試

時占同鄉少宗　后子甲　玄虎龍　午　未　申　酉

作諱士升錢太　玄戌子　戊申午　巳　戌

史可能入相否　后子寅　財鬼子　辰　亥

元首　　玄戌子　　卯　寅　丑　子

斷曰癸用干支旬空日敗本不許入相然余終以入相許之何也因中傳驛馬皇詔末傳月將青龍又歲建乘太常作官星加臨年命經曰太常入官鄉當朝執政月將乘青龍片言人相非宰執而何但嫌龍神剋歲君將來必不獲意於君上而退位後如其占

癸酉十二月甲子日巳巳時丹陽賀中怜先生居太僕寺時請占

龍申甲　　后龍后　　寅　卯　辰　巳

返吟　　玄亥　　后寅申　　寅申寅　　丑　午

見機　虎午子　兄鬼兄　子　未

蛇子午　亥　戌　酉　申

斷曰朝官占此必主去位賀曰未去曰是何年生曰巳丑曰此必會狀之命但不能久居於朝堂矣蓋見任得夜貴卽爲不仕閑官也況干支乘死絕又德喪祿絕四月尚有溫旨相留交秋必馳驛而去朱雀月將加巳生日我知其四月有溫旨相留課傳二馬逢冲我知其交秋馳驛而去後知爲宜興周首揆占

戊子四月丙子日壬辰時子住金陵聘東省孫興功老師占

左右伯趙福星　貴亥丙　寅卯辰巳
公祖何日陞遷　空巳亥　青后龍　丑午
知一　返吟　龍午子　午子午　子未
后子午　比鬼比　亥戌酉申

斷曰在仕占得此課不惟官難滿任且有意外之憂何言之龍神乘旺氣發用理應陞遷但惡太歲作鬼冲尅青龍驚災所不免且財官祿馬俱入空絕意外之虞必應六月陞揚州撫臺余自嘆所占不驗未幾疽發於背而死余然後信其數之莫能逃也

丁丑七月甲戌日巳巳時浣中劉能平大史占經筵講官曲

沃李括蒼太史　朱卯甲　酉戌　亥子

枚卜果否　六辰卯　六勾龍　申　丑

重審　升階　陰亥戌　辰巳午　未　寅

后子亥　財子子　午巳辰卯

斷曰太史將來太拜日今尚未可得還有丁艱之事劉太史曰括蒼無父母如何丁艱答曰仕宦逢羅網主有此應目下未得入相者蓋嫌初傳辰卯相害中傳勾陳脫氣喜末傳月將青龍是以將來大拜後屢次枚卜未點入閣巳卯丁庶艱

至癸未冬月始拜相奉命督師勦賊

丁丑八月丙申日癸巳時院中劉毓平太史占楚省袁副院

鯨及同鄉大司　空巳丙　　申　酉　戌　亥

完鄭玄岳兩先　空巳巳　空玄六　未　　　子

生枚卜果否　　玄申申　巳申寅　午　　　丑

伏吟　玄胎　　玄申申　此財爻　巳　辰　卯　寅

斷曰兩公俱不能入相且主臺省彈劾而回何也三傳遞互

刑尅全無和洽之氣剛日伏吟見馬歸象已兆此非臺省有

言而回乎後兩公枚卜不果袁公當被參去鄭公爲欽件下

獄擬罪而歸國鄭命見地網日墓是以罹禍尤重

甲申十二月辛亥日丁亥時于任無爲州時長兄公身占藩鎮黄虎山功名

知一　曲直

虎未卯	后卯亥	常午寅	乙寅辛

戊子財	未亥卯	虎六后

酉	戌	亥	子
申			丑
未			寅
午	巳	辰	卯

斷曰據此課象藩臺不得善後矣何以明其然也課中干乘絕氣支見死神兩貴空亡祿神受制功名安得久長且官星空矣誰與居位營壘空矣誰與禦侮財星空矣誰與生官況

太陽西墜桑榆之返照無多冬、水逢墓腐朽之折傷必應歲
在大梁余言必驗曰以何故不利曰明歲行年酉爲自刑破
壞木局矣次年五月禦敵自刎
辛未四月丁酉日癸卯時同鄉彭城衛經歷劉一純占梁大
司馬今推家宰　六寅丁　貴虎未　卯辰巳午
可允否　陰酉寅　亥午丑　寅　未
重審　斬關　龍辰酉　鬼北子　丑　申
貴亥辰　子亥戌酉
斷曰不惟不遷諒常退位何也日馬坐墓庫祿神臨絕地傳

將又逆行故耳況命上官貴履天羅年上騰蛇作日鬼交夏月應有一番風波幸官鬼俱空官祿退位却無大咎後以浙省大行水丞參劾請告而退東省萬公名應斗者在辰時壬申久占比亦逮問擬罪而同

戌寅三月丙寅日辛卯時東省沂州諱昌時王大行來燕京寓中索占

蛇子丙　　蚍常六　　卯 辰 巳 午

知一　涉害　常未子　　午未寅　　寅　　未

周徧　陰酉寅　　鬼子父　　丑　　申

青辰酉　　子 亥 戌 酉

斷曰在朝官占得此課王奇臺省叅劾蓋因官貴履天羅之地祿馬入空墓之鄉且身宅坐墓必自甘受人欺終難解脫又傳將逆行仕途得此理應請告而退否則必掛彈章矣後知為田大冢宰而占果如其言伊子仍被逮下獄

壬午九月丁亥日丁未時子住埂子街一僧人偕十餘人相顧丙午命人索　龍辰丁　空六貴　巳午未申

占　朱丑辰　巳寅亥　辰　酉

元首　玄胎　玄申亥　比爻鬼　卯　戌

空巳申　寅丑子亥

斷曰來意必爲功名公乃未年甲榜曰然蓋因貴德官星臨年月將青龍居干且羊角相加故應未年高第曰該做京官做外官曰歲居干後日生青龍非宜先京職而後外任嫌身祿不得地此去身不安而祿不養況歲君臨與怒之所此番當爲國家起見耳後知吳門錢大鶴先生也李賊破京遂歸

壬午十二月甲午日辛未時江西南大司馬熊潭石先生因河北聲息緊急聘子上金陵隨占一課

空未甲　虵常六　丑　寅　卯　辰

螣子未　子巳戌　子　巳

朱亥午　父子財　亥　午

矩一　鑄印　玄辰亥　戊　酉　申　未

斷曰熊司馬功名非久遠之象來年秋初必解任去蓋初傳歲破內戟命上龍馬魁下必因牢執招非上臺不足燕京有奏自欲請退且斗繫日木墓貴臨于爲卯丘俯仇于墓支絶種種不佳惟喜奇儀天赦發用朱雀皇詔作恩定然好　吉歸里後果如占

戊寅二月辛丑日癸巳時東省劉太史諱正宗者相召座間索占子袖傳課以答之

玄卯辛　玄朱虎　丑　寅　卯　辰

牛申卯　卯申丑　子　巳

貴午丑　財比爻　亥　午

重審　周徧

龍亥午　戌　酉　申　未

斷曰太史所占是一外官曾經降罰者曰何以知之因日生

青龍又上克下故也日家見任太平知府為錢糧降罰看有

碍陞遷否余曰支首干尾格合周徧何碍陞遷在何時余曰

青龍離支六位初傳月建催官中傳天馬傳送為驛郵為兵

馬為直符七月内必陞吳分兵憲後果陞嘉湖驛傳兵憲

癸酉八月壬戌日戊申時册賜賀中伶先生居大寅臺時占

陞遷吉凶若何　玄申壬　巳　午　未　申

貴巳申　貴六亥　辰　酉

元首　玄胎　陰未戌　巳寅亥　卯　戌

螣辰未　財子比　寅　丑　子　亥

斷曰日令必然榮轉日後因他人之事請告蒞因傳將遞互相生城吏二馬出現定有公卿推薦但嫌晃臨三四必主他非退位曰應於何年曰丁丑行年螣墓剋日必自驚憂而退月內陞天津巡撫後以標官刼皇銷事發請告回里

戊子六月乙未日癸未時山右同此南在淮陰祐得此課已丑正月寫出求斷是何官所占

幻申乙　　　子丑寅卯
螣玄青
貴子申　　　亥　　辰
玄卯未
螣亥未　　　戌　　巳
父兄財
玄卯亥　　　酉申未午

重審　曲直

斷曰此是林木舟車官也非科甲中人却做科甲之官將來坊名遠大何以論之夏古木局枝葉正見茂盛況蛇化爲龍定然爲官榮耀因幕貴坐空是以不由科甲也卯爲林木舟車見於中傳故知爲舟車之官曰果何官曰卯爻發用未傳皇恩必是恩蔭之官且可能堅其

否曰正官在日偏印居

友先陞知府後轉司道曰此清江劉工部所占也後果陞鎮江太守

丁卯正月丁巳日癸卯時京營參將涂松亭先生爲彭南滇古陞遷

蒿矢　玄胎

青辰丁　貴亥空

常五辰　亥申巳

六寅巳　兄財兄

貴亥寅

巳　午　未　申

辰　　　　　酉

卯　　　　　戌

寅　丑　子　亥

斷曰太歲月建生日日令必然遷擢多是山環水繞之地蓋支爲任所寅艮爲山與亥水相合故應此地發用蒿矢建金

即箭之有簇又貴德驛馬入傳財官城吏金逢催官迅速之
兆但忌日之陰陽制官須防陳王田姓人爲祟癸亥相隨授
南京巡捕營都司未幾田大司馬以添註參將罷之
庚辰正月丁丑日癸卯時同鄉潘雲從占安慶撫臺鄭瀞菴
公祖陞遷

勾卯丁
空朱陰
貴亥卯
元首　蛇華
巳丑酉
陰酉丑
比子財
空巳酉

辰　巳　午　未
卯　　　　　申
寅　　　　　酉
丑　子　亥　戌

斷曰不惟難以遷轉且當請退蓋傳將遁生空太歲龍神

落陷互乘死氣諸事只宜休息況春得金局名四時返本定

然官難滿任　癸巳年即宜請告巳年果被安慶縉紳參劾

而回又被徐撫臺接參奉　旨進問李賊破燕方歸

庚寅二月癸卯日壬子時偶會徽州程孝延程翔雲因引部

孫楊二公京師　勾亥癸　　午未申酉

未勾空

議論未定古看　空酉亥　巳　戌

丑亥酉

求否　重審　朱丑卯　辰　亥

貴兄父

亂首　廻環　勾亥丑　卯寅丑子

斷曰引部四月必來赴任但居官不久耳以兩貴旺相且處

巳貴以合三傳之局故知其四月赴任也但嫌大歲尅戰三
貴空陷虎喜而已況傳將退入極陰格合廻環必主求而復
去故知其居官不久也又子神臨亥被支所尅縱來亦失意
之象果五月奉　旨徹回六月驛馬加未行矣
辛未四月己未日戌辰將東省吏科宋太斗先生在仇兵科
宅中占功名　貴子巳　虎朱玄　丑　寅　卯　辰
八專　絕嗣　虎巳子　巳戌卯　子　巳
據印　貴子未　父兄鬼　亥　午
白巳子　戌　酉　申　未

斷曰月內定轉長垣居官難以久任盖因月建虎馬發用其
力更見雄矣又鑄印乘軒定應遷轉但嫌貴臨空害故難久
任耳果隨轉吏長垣後因提武場事降大行

辛巳十月巳未日癸酉時東省華縣工部孫與功父師仕揚
刻文時占功名　貴子巳　丑　寅　卯　辰
虎朱陰
八專　鑄印　虎巳子　子　巳
巳戊卯
絕嗣　貴子未　亥　午
沒兄鬼
虎巳子　戌　酉　申　未

斷曰仲冬月令必有起官之徵曰何以見之于上貴人雖空

辛來進氣交仲冬子水司令塡實旬空矣丑喜虎馬丁神發
用作歲君生日又四墓發生巳歲復興之象起官何疑乎後
果然凡有官君子得此定主歷官轉職面君奏事次年冬推
補兵部車駕司

戊子年七月丙寅日巳亥時揚州兵鹽道胡公祖相召未去
遣令裔中軍來　六子可
占指一晚穿算　陰未子
十二筆用亥時　貴酉寅
滌害　同偏　白辰酉

六陰龍
平未寅
鬼子彡

卯辰巳午
寅　　未
丑　　申
亥子戌酉

斷曰日得夜時見官貴旬空返爲不祥之占曰何也蓋因太歲發用克日傳將遁互相尅隄防臺諫封章且龍神尅下主君上臺諫不喜況干支俱傷日祿空墓秋末冬初定有他憂後請告未久隨被北臺參劾勘問

戊寅二月丙午日戊戌時淮陰蔡應陽任漢中府時占推淏訟總戎可得否

涉害　斬關

蛇戌丙　白朱玄　丑
常卯戌　辰酉寅　子
貴亥午　子財父　亥
白辰亥　戌

寅　卯　辰
　　　　巳
　　　　午
酉　申　未

斷曰先推吾兄後推翁也曰何以見之蓋因亥貴作官星臨支乃吾兄之命辰乃翁之命入辰陰發用是以先推亥命者且辰自亥發傳與陳姓同音故知如此果不及旬日推吾兄淚淞總鎮兩月後推蔡翁狼山提督

丁丑六月巳未日甲戌時浣中劉胤平太史占會推浣撫成否日後結局若何

滯曲　入專

六卯巳　后亥卯　六卯未　后亥卯

六后虎
卯亥未
鬼財比

辰巳午未
卯　　申
寅　　酉
丑子亥戌

斷曰日今會推必遂但結局不佳耳何也用令干支傳成官局推陞必矣但干支死傷喪弔全逢又貴履天羅斗繫日本且行年酉金冲破官局末受大有不如意事若出兵擊賊必有被圍失利之應其後流賊犯界統副將程龍潘可大衆之全軍覆沒巳卯歲撫軍丁艱而歸

辛卯三月癸酉日乙卯時偶有揚州府糧廳周公祖相召占

課

玄申癸　卯辰巳午

涉害　斷輪　朱卯申　朱虎貴　寅未

蛇辰酉　卯戌巳　丑申

空亥辰　子官財　子亥　戌酉

斷曰太歲乘朱雀發用主有文書動事于朝廷嫌中末財官空陷占功名必有始無終第支上月建蛇墓尅日主上臺不足幸初末兩貴拱支中傳虎鬼冲臘蛇以凶制凶目今脩爲少解然貴入空墓龍祿尅絕終非善後之象且太歲坐尅方玄申臨日上必有喜裏成嗔貪汚取名之事後果被總漕得吳公祖參罷

癸亥正月巳亥日辛未時予在金陵卞聖瑞書房偶有雨客進坐索占

蛇亥巳　子丑寅卯

涉害　曲直　玄卯亥　青蛇玄　玄　辰

廻環　　　　玄卯亥　未亥卯　戌　巳

　　　　　　龍未卯　比財鬼　酉　申　未　午

斷曰龍神發用傳課結成官局來意必古今年功名事六月即有欽召之應蓋春得進旺之木遇夏則枝葉茂密將來事業遠大曰六月之說何也祿歳建皇恩發川中傳天詔足以六月定有佳音後知來占者即趙忻城是翁也果於是月奉

詔進京授京營提督甲中又陞京營戌政

壬午十月辛未日甲午時相城大中丞方晉夫先生奉

詔進京住揚柳巷　后巳辛　卯辰巳午

羅宅索占　空子巳　六陰貴　寅　未

無路　無祿　常寅未　酉辰亥　丑　申

六酉寅　兄卯子　子亥戌酉

斷曰此去必不得意而歸前途且遇大兵侵界蓋遊都臨支賊符發于[illegible]柱無祿無路安能得意乎曰病乎余曰病符坐空陰神又制之何慮乎病所慮者老母病耳然母年生於申子壽合九九之數因子命行年到申見財則母被剋矣果至青州遇兵不能進及至京授天津屯田巡撫李賊破京遂歸

卅乙酉壽終

庚午十一月己丑日辛未時寅將子謁山陽父師富平朱酉

崐古人覲考選

何官

陰寅巳　六酉寅　勾申丑　玄卯申

重審　斷輪

玄朱虎　卯戌巳　官兄父

卯辰巳午
寅　　未
丑　　申
子亥戌酉

斷曰考選不得銓部詞林定是風憲言官且有貴子由科甲入翰院蓋因日上天吏官德空墓陰神又制之必有明暗相攻不得銓部也癸用卯乘玄武為官中傳朱雀未見白虎是

以圭黃門金瑣風憲言官果後考入垣中歷轉山海巡撫都
御史因支上子乘濂貞貴人又作長生學堂應子由科甲入
內院也

壬午十月巳亥日辛未時徽友程孝延東省沂州明經任泰

中州首王未山　六卯巳　辰巳午未
戊六后
先生至現子街　后亥卯　卯　申
未卯亥
訪顧　洽害　虎未亥　寅　酉
兄兒財
直曲　妲環　六卯未　丑子亥戌

王米山攜子某來提謁陳東明求字過卜詢方道余日先生

少間須刻有三客至內必楊姓者果如言余曰乎神歸支傳將逆行郎君理應回東省取功名且貴也不日兵動且有攻城破邑之事眷屬宜遷他處避之曰祝老母九十壽方可遷曰尊堂壽止八十有九因乙癸用與地盤巳字合斷爲八九之數也此皆日後事目今須防失脫米山棧住彎子街傳同寅陳宅書房果被盜王復來余曰玄武脫氣居丑命所盜者郎君物耳曰然還防賊復來果三日又來將父子衣物盡盜去曰何以明其然也余曰課傳迴環故知其皎之復來米山問曰山東兵動者何耑因三傳純官鬼又會都虎鬼克支賊

翁將星尅于是以知貴省中外兵動攻城破邑也果冬月一

一如占米山遷居淮安新安鎮其母未度九十而作

甲申二月乙丑日亥將申時如皐途鄧季大生先生持丹陽孫友所占進京課與余看

重審　不備

稼穡

龍未乙　未戌太　常辰丑　龍未辰

龍未后　未戌丑　財財財

亥子丑寅　戌卯　酉辰　申未午巳

斷曰必不能北行即行亦必半途而旋益因干支乘墓所爲不通況傳課年命未見二馬干神歸支利靜而不利動又中

末三傳亥乙主半道逢言旋青龍居干發用今年都要赴官必補尚寶之職因年上酉乃印也陰神見貴生日豈非司明乎弘光時果官尚寶

癸酉六月戊寅日巳未時余往昌平會陳東明生總鎮府時寇道臺拜東明言及六壬寇公索占

勾巳戊　勾虎蛇　申酉戌亥
勾巳巳　巳申寅　未子
蛇寅寅　卯子鬼　午丑
伏吟　玄胎　蛇寅寅　巳辰卯寅

斷曰仕途古得此課當防臺諫封章所劾必解任而去左右

駭然寇公隨進後衙相晤曰舊事乎未來事乎曰成君在日後斗罡居支前巽日定有劾者言蓋因傳課五相刑尅且蛇雀官鬼入宅臨門龍神又尅歲建今秋余言必應後果被侯大司農參貶解任庚寅冬或占總漕吳公祖亦得此課辛卯春被臺省參劾退位

欽差

己巳二月乙巳日辛巳時楚黃洪半石先生占差出一成課

已爲何姓者批　六酉乙　陰龍貴　丑　寅　卯　辰

定大同餉部　陰寅酉　寅未子　子　巳

重審 斬關 宋戊巳 兄財爻 亥 午

玄卯戊 戌酉 申未

斷曰此南行數也彼以祿臨戊上故云北差不知守土官則論祿欽差官只論馬今驛馬長生巳午必是南差曰朋日堂上臨定看該先粘該後粘矛云後粘利益凶初傳中專空亾未見貴人生日救也次早關中張主政先粘得大同差果存九江鈔關洪先生得之

辛卯二月戊子日戊午時同鄉親友胡尹二兄占淮揚巡按差可復吏書缺可照舊否

重審　鑄印

六戊戌　常六陰　丑　寅　卯　辰
陰卯戊　子　巳
巳戌卯
常巳子　亥　午
父比官
六戊巳　戌　酉　申　未

斷曰巡方官必復吏書缺未能如舊何也蓋因鑄印乘軒主遷官轉職而君奏事喜日祿臨支發用末傳太歲作官定有差遣代天子巡狩之官也且官居奎婁是鳳廬有官之兆又格合迴環四墓加生去而復來巳廢復興之象未幾五科陞疏題復其不復吏書者以四課不全故占一得一也

章奏

己巳正月己未日庚午時閩中張少司空諱維樞者索占

陰寅巳　卯辰巳午
六常蛇　寅未
六酉寅　酉辰亥
陰寅未　丑申
子兄財
六酉寅　子亥戌酉

無祿　無路

斷曰正時勝光值事天空此爲章奏而占曰吉凶若何余曰四課魁下名爲無祿況貴乘句空龍神魁下主在上者不足輕則降罰重則削權又財官祿馬俱入墓絕之鄉急流勇退

爲佳否則必有意外之虞曰上疏　旨意若何余曰朱雀乘
天喜陰神見丁馬遂得好　旨歸里後雀冠帶閑往回家未
久仙遊矣
癸酉七月庚子日丙戌時雲間董兒之爲乃祖董玄宰太史
辭大宗伯課

玄辰庚　龍蛇玄　辰巳午未
龍子辰　子申辰　卯　申
重審　澗下
蛇申子　子兒卯　寅　酉
玄辰申　丑子亥戌

斷曰此課不能陞遷請告亦不能退位却有加銜恩蔭之兆

何用辭爲蓋因三傳全脫逓生空亾雖有公卿推薦丞口頭虛譽且日祿歸支印綬逢空故不得掌篆正官惟喜貴詔德祿居中乘旺必有加銜恩榮之徵又課傳廻環進旺之氣豈退位之象明年春末龍祿傳墓則當請告次年春晉宮銜馳驛歸里

丁丑八月壬寅日癸卯時洗中劉退齋太史索占次看此是何如人

常丑壬	后蛇六	戌	亥	子	丑
陰卯丑	辰午申	酉			貴
后辰寅	鬼財印	申			卯

重審　斬關

蛇午辰　朱午巳辰

余玩之良久斷曰此近君陰貴人也太歲當官臨日陰見夜貴太陰又君歲位此必近君陰貴人也曰此公主也然有何事曷一決之曰此必請封廕子之事蓋末傳是詔長生六合為孩兒是以知之倘吉意不允余曰傳將六陽發天必事達天廷至尊之前但嫌初中空亡必須兩次方許封廕果如其占

戊寅三月丙寅日丙申時子將兵垣孫魯山先生有工垣姚永言先生戶垣諱朝薦辜父母在座魯山先生占請告

先生請纓行邊

丁丑六月乙未日甲申時安慶張庠友占九江職方趙光忭

垂簾　登天

勾水丙　白青六　戊亥子丑

未酉未　辰午申　酉寅

虎辰寅　子比財　申卯

青午辰　未午巳辰

斷曰請告不允更主陞遷蓋因官發三天又傳將進引安得退居林下乎況龍神乘相氣太歲臨行年又生青龍日干將來功名遠大到後吏部復疏　旨意不允旋歷任宣大制臺

六卯乙　　　　未申酉戌
朱寅卯　陰六害　午　亥
空午未　戌卯午　巳　子
青巳午　財兄子　辰卯寅丑

昴星　周徧

斷曰凡陰陽昴星雖無蛇虎入傳只宜靜守不利動用蓋因貴居本位驛馬旬空守舊爲上況河魁渡亥中傳斷橋凡事且隔難行且赤鳥犯歲君上疏必攖上怒後果謫戍壬午歲授蓟遼總督失機逮問與刑如占詞訟名達朝廷坐死

辛未六月癸卯日乙卯時臺中王旋官失師占卜疏

貴巳癸　子丑　寅卯
勾酉巳　勾常貴　亥　辰
朱未卯　酉丑巳　戌　巳
空亥未　父鬼財　酉申未午

從革　絕嗣

斷曰傳將遁生有疏薦入乎曰非也有疏參入耳余曰雖三傳遁生嫌初末逢空獨存中傳歲破爲鬼又朱雀乘太歲尅日太歲君也歲破相也恐得罪於君相於公不利後果以上章薦入下獄擬配

丁丑四月丁酉日乙巳時浣中　劉退齋太史請假省親之占

元首 曲直

九醜

貴亥丁
常卯亥
陰丑酉
空巳丑

貴常勾
亥卯未
鬼戊子

午	巳	辰	卯
未			寅
申			丑
酉	戌	亥	子

斷曰此奏不允所請必有溫旨相留何以知之蓋天驛二馬加臨年命理應行動之象但發用官貴德馬來尅驛馬又戀長生主不由己而動日朱雀又空爲文書不就中傳卯與支上太歲相尅主君上陷阻有溫旨相留也後果不允假旋

癸酉二日丁丑日丙午時松江太僕沈雲生先生被京營曹

大司禮叅刻占　后子丁　空巳子　青午丑　貴亥子

回奏吉凶　空蛇常　巳戌卯　比子卯

重審　鑄印

未	申	酉	戌
午			亥
巳			子
辰	卯	寅	丑

斷曰天空發用主爲章奏而占曰何以知之蓋有官君子占得鑄印必面君奏事遷官轉職曰看回奏若何余曰日祿之陰制祿罰俸止矣官何碍乎交仲秋時天吏皇詔生日青龍日祿居丑必然榮擢吳越斗牛之分雖嫌四課上下冲害又喜交車合祿先雖參差而後和好及回奏果罰俸秋陞閩撫

有功尋授兩廣總督

丁丑十一月丁亥日戊申時東省戶垣諱三傑孫科長代同

鄉丁科長占守　陰丑丁　空貴空　寅　卯　辰　巳

科失紅本回奏　勾未丑　巳亥巳　丑　午

重審　返吟　空巳亥　比鬼比　子　未

貴亥巳　亥　戌　酉　申

斷曰官必降罰職必更改日今朝廷責之已過當矣剝又重

其貴爭曰龍神剋戰課將返吟居官定難滿任況巳爲驛馬

上乘皇詔主一任未了二任又臨日比更職無疑及以降三

級司官不准以降五級又不准擬降別衙門然後依擬

戊辰十二月戊申日庚申時予在燕京會高仁齋夏客還張

環玉邀蜀中禮　六戊戊　丑　寅　卯　辰

部李戢溪先生　陰卯戌　陰龍貴　子　巳

座索古　貴丑申　卯申丑　亥　午

元首　斬關　白午丑　官子兄　戌　酉　申　未

仁齋斷曰卯與戌合爲大六合六合加戌爲小六合喜未傳

月將貴人定然片言入相予反其意曰太陰臨卯空卽不能

成名此乃舊事又舉行者二月還宜愼重曰何以知其舊事

寺曰舊太歲發用且四墓覆生主巳廢復行沉而又舉也嫌初中龍官空戰朱雀陰見玄墓若上疏　旨意不佳果後以敗授上疏見駁幾至察處

公訟

辛未四月乙丙辰日甲午時泰陽遲逆之泰父師在京考選相會時偶占

重審　玄卯

六申丙　六貴玄

貴亥申　申亥寅

勾未辰　財官父

蛇戌未

亥　子　丑　寅

戌　　　　　卯

酉　　　　　辰

申　未　午　巳

斷曰傳將財官驛馬城吏遁互相生大吉之兆芝翁曰此公已攖重戮付刑部獄生全即出望外矧敢非分求乎曰月德發傳中傳貴絕天見長生此爲絕處逢生支上皇恩化戌斗罡居命指日出獄難免謫戍然後來仕途顯達　思宗因旱祈雨壬戌日赦文武大臣七八此公在赦內後知其爲張蓬玄先生也十二年後果歷仕途顯要今爲少冢宰尋轉大司空

丙子三月乙未日巳卯時御馬監太監湛允升被逮刑部占

定重辟求占

重審

蛇亥乙　　　卯辰巳午
空午亥　空后勾　寅未
陰寅未　午丑申　丑申
六酉寅　子財官　子亥戌酉

斷曰此課必遇恩宥仍拔重用之兆葢以日上皇恩支見天赦又太歲貴人生日罪雖至重亦能轉凶爲吉傳將遇生初末引從子命定主上臺推薦果五月奉欶審開豁摘戍發京營立功後監洪黒二將及子追勦有功復職

丙子三月巳酉日丁卯時粵東少宗伯陳秋桃太封翁宗藩

建言被逮刑部　陰寅巳　卯辰巳午
占出獄　六酉寅　蛇空后　寅　未
驀越　重審　常辰酉　亥午丑　丑　申
蛇亥辰　才印兄　子亥戌酉

斷曰日今不能脫難交四月甲戌日巳時方出獄也同難諸縉紳皆曰指日即出予曰不然發用驛馬坐墓且赤鳥犯歲君如上疏　旨意必駁衆不然其說三月馮大司寇上疏旨意駁下四月上疏依擬脫難因四月建巳冲初傳墓中驛馬方有出獄之應也

壬午七月甲午日庚午時偶有一客至更子街寓中坐定時子爲之袖傳一課

鬼 退茹

貴丑甲　后子丑　勾巳午　六辰巳

后 子 父
陰 亥 父
玄 戌 財

未 申 酉 戌
午　　　亥
巳　　　子
辰 卯 寅 丑

斷曰公科第中人非田姓即王姓也然有朝廷之事連累蓋貴人臨身必科第中人然貴被干支歲破發用課傳退茹是以有獲罪朝廷之事喜初中后陰爲恩然而無大咎也後知爲荆州知府王承曾甲戌進士以失城逮問賊破燕京始出

癸酉四月癸亥日丙辰時宜興周首輔臣陳科長撣論命聞者周誠生來占

重審

蛇午癸　丑　寅　卯　辰

空亥午　子　　　　巳

后辰亥　亥　　　　午

勾酉辰　戌　酉　申　未

虵空后

午亥辰

財兄官

斷曰朝官占此必主去位盖因傳將遁尅德不勝刑主小人進用而君子退位且貴祿財馬俱逢空陷豈能善後乎又夜貴臨行年卽不仕閑官也交六月後年上日祿天馬冲動身命是其行期矣喜四墓覆生仍有復起之兆果六月准辭馳

驛回里

丙子二月乙未日巳卯時東省登州戚都司諱司宗者因失機已定重辟八欲占吉凶若何

酉空

蛇亥乙		卯	辰巳午
空午亥	空后勾	寅	未
陰寅未	午丑申	丑	申
六酉寅	子財官	子	亥戌酉

斷曰六月過赦轉凶爲吉之象缘長生臨身天赦加支况太歳貴人俱作恩星罪雖重亦減輕矣尤可喜者傳將遁生初末旺㧞未命仍有公卿推薦他日出仕之兆也果六月奉

倚熱審豁罪謫戍發京營立功自贖後辛巳年陞甘肅鎮中
軍參將

辛未四月戊午日辛酉時山東吏趙宋太斗先主相召占課

云非巳占代占　朱巳戊　未斤龍　申　酉　戌　亥
玄胎　伏吟　朱巳巳　巳申寅　未　子
蛇午午　父子鬼　午　丑
蛇午午　巳　辰　卯　寅

斷曰在朝官占此題防臺諫封章而回還得好　占歸里曰
何以知之蓋因傳將五尅伏吟丁馬且太陽無光矣豈能久

居廊廟乎然喜朱雀德祿生日旋得好　旨歸里後知爲酉

明諱與坤錢相公所占果因人言請告而去

丙子二月乙酉日辛巳時淮楊巡按諱振纓浙湖吳公祖因

賊楚風黨被逮　六酉乙　龍貴虎　丑　寅　卯　辰

刑部已定重辟　蛇寅酉　未子巳　子　巳

索占吉凶　陰寅酉　亥　午

涉害　天獄　龍未寅　財父子　戌　酉　申　未

斷曰日令必遇恩赦六月便有出獄之徵曰何以言之蓋因

皇恩臨于天赦居支又中傳太歲作貴人生日罪雖至重亦

能轉凶為吉但嫂戌臨孟位又為本命謫戌未能免也後果
曹大司禮奉　命執審開豁改戊
癸未七月丁未日丁未時丹陽茸村盛順白被逮進京舟泊
邗関請古

入專　斬関

龍辰丁　　貴龍龍　　巳午未申
朱丑辰　　　　　　　辰　　酉
龍辰未　　亥辰辰　　卯　　戌
朱丑辰　　鬼子子　　寅丑子亥

斷曰其事定然辨雪到京公訟前休蓋因月將青龍加臨于
支勾陳生日官鬼空陷是以公訟辨雪日休息矣自為周相

答占課何如手取棋子三十二枚以十二除之餘八枚亦是此課曰巳丑命見日墓年乘三刑與寅命相去甚遠焉能無罪後相國賜死李賊破燕盛脫自歸

丁丑五月甲子日巳時申將浙上虞顧友與徽友吳子逵爲人代占吉凶

常巳甲　龍朱后　亥子丑寅

重審　玄胎　龍申巳　申亥寅　戌卯

陰卯子　鬼戊比　酉辰

虎午卯　申未午巳

論曰月將龍官內戰必因宰輔高强生非而敗事者但龍官

與年神生合斷非尋常可比嫌干乘飛符支見遊魂日令入
宅必有災非之事且年命勾神爲祟又丁動刃逢貴履地網
公訟拘繫必見喜勾陰生日事可辨寅日日後何卯亍云喜
德神祿馬會入天門定然位居顯要忌見旬空難以久遠後
知爲常熟錢牧齋太史古也甲戌歲官至大宗伯
丁丑七月丁亥日甲辰時太倉中翰錢謖菴占常熟陳南洲
逮問訟事
　　六申丁　六朱蛇　酉戌　亥子
重審　進茹　未酉申　申酉戌　申　丑
　　卯子亥　財財子　未　寅

陰丑子　　午　巳　辰　卯

斷曰占訟最凶全無救解蓋因發用是詔坐空又蛇虎二墓加臨卯酉此爲塚墓門開必主重死喪也又傳將亂劫殺丁火病死墓絕俱見原何有救且年上勾刃帯木是用刑人執杖定遭凶死其後奉　旨廷杖枷死三人

丁丑十一月丁亥日戊申時山東撫臺譚懋芳舊與化李父毋被總鎮劉澤淸祭劾逮問占何日脫難

虎戊癸　陰未戊　蛇辰未

虎陰蛇　戊未辰　官鬼官

巳　午　未　申
辰　　　　　酉
卯　　　　　戌

元首　　勾丑辰　　寅　丑　子　亥

斷曰占訟最難辨雪後却虎頭蛇尾蓋課傳蛇虎鬼賊又太歲歲破魁日主君相見責所喜支上皇恩命乘天赦又以初末觀之以凶制凶返無凶矣但只今行年恩星洩鬼之氣明春太歲爲救脫難出禁當在彼時丑年冬月上疏新正　吉

下論戌

辛未四月癸亥日戊午時南城諱奮滑熊兵長姮爲戌寅命

人代占　　后辰癸　　后朱龍　亥　子　丑　寅

斬關　稼穡　　未未辰　　辰未戌　戌　卯

亥寅亥 官鬼官 酉 辰

貴巳寅 申未午巳

斷曰課象雖凶終不爲畏曰𠡠張蹇玄課何如予曰張公課好此課太歲尅日君上不喜須得本姓人救解方可消釋何也三傳純官鬼又開墓覆日豈不爲凶喜兩貴拱身福德儀神臨支又丁馬貴德居命且是皇書天部定轉凶爲吉其後刑長垣諱𧦝斯李先生上疏救之減死謫戍後知爲雲間錢相公也

走失

庚寅十月癸卯日庚申時同鄉王懷蔭占失馬向何方找尋何日可得

知一　斷輪

玄申癸　　卯辰巳午
朱卯申　朱白貴　寅　未
虎戌卯　卯戌巳　丑　申
貴巳戌　子官財　子亥戌酉

斷曰此馬黑青色在西北山岡三日內必獲曰何以見之盜因末傳之馬而乘旬中之空必俟出旬乙巳日塡實方能得馬也何以知其色之為黑青因馬之陰神見子水乘青龍故知之何以知其在西北山岡因馬居戌地也果後三日自劉

家集尋得

賊盜

丙寅四月丙寅日申寅時維揚北關外建隆寺僧鹿天在藍

園住靜偶悟間　蛇子丙　卯　辰　巳　午

賊常六

求古　常未子　寅　未

子未寅

涉害　周徧　貴酉寅　丑　申

鬼子父

虎辰酉　子　亥　戌　酉

斷曰神后蛇鬼臨于發用必有陰人往來纏擾僧默色久之

曰凶吉若何曰干支首尾相見一時不能折離且河魁加卯

命驛馬臨行年必有相携而逃之意然而傳將五魁隄防隣人有攻訐之事因而衆施主送僧渡江後復來揚携婦而去

隱遁

甲申五月乙未日癸未時東省費縣諱四知張相公因高鎮兵馬屯扎城外借住府河廳公署占進退行止

蒿矢　連茹

玄酉申	常卯未	空午巳	龍巳乙

鬼財父
酉戌亥
玄陰后

午　未　申　酉
巳　　　　　戌
辰　　　　　亥
卯　寅　丑　子

斷曰東南水鄉居住安穩蓋因歲貴刼殺臨支賊將驛馬加于此地巽日還有兵戈擾攘辛日上羅網逢空相公必當解脫而去然昴星乘玄武尅日作來年太歲革故從新應在酉年必矣相公遂渡江而南

乙酉四月癸亥月戊午時子住淮陰欲回揚搬家眷用百原恩師汝占課看

該城住鄉住

元首　斬關

后辰癸
朱未辰
玄寅亥
貴巳寅

后朱青
辰未戌
蛇鬼寅

亥　子　丑　寅
戊　　　　卯
酉　　　　辰
申　未　午　巳

斷曰此課正宜歸隱住鄉安穩住城雖有衆賊飛攻亦不足畏何也因遊子斬關發用陽將傳入陰位理應歸隱之象住城雖有賊攻實賴支上寅水以敵之不若就西北水鄉小居安穩及到邪閥船被兵擄入城史閣部命守西城城破一家投水未死

逃亡

庚寅四月乙酉日辛巳時戀子街二人來占子逃看何方我尋何日得見

元首	九醜	貫子申	申	子	辰
勾甲乙	勾貴常	子	丑	一寅	卯
			亥		辰

潤下
后丑酉　官父財　戌　巳
虎巳丑　酉　申　未　午

斷曰此子逃於西南四十八里親戚之家其家近水樓房門前有芊二隻柳數株爾子與金山僧往來尋之丙丁日可見蓋申爲金加辰爲山又水局圍繞豈非金山乎亥卯居亥即近水樓房亥支居未上下相乘即西南四十八里亥陰未加卯門內有鬼柳二宿故言門前有羊有柳後四日其子方自金山回于所云處見之

兵門

甲申四月庚申日庚辰時如皐銓部李大生先生占燕京安危

八專

貴丑庚　丑寅卯辰
陰貴貴
白午丑　子　巳
卯丑丑
貴丑申　亥　午
財父父
白午丑　戌酉申未

斷曰賊自西山出奇用騾車木轀先攻西南後攻東北且有凶變之虞蓋賊符自戌發用魁中末乎支貴人而天空臨寅此地躁擄賊必乘虛而入兩陰神虎鬼克干支及歲君左右獻城之象後聞李賊明攻張掖暗踰東直城中閧沸開門出

降先帝自縊

乙酉正月戊午日丙申時總漕部院田百原老師往淮清江閘高鎮雎州被許定國圍困占吉凶若何

未酉丙　未陰空　子丑寅卯
陰丑酉　酉丑巳　亥　辰
蛇戌午　財子比　戌　巳
重審　從革　亥寅戌　酉申未午

斷曰此乃平公必被戮課傳從革合中刑干害支春占金局乃返身肅殺之氣戌命長生被其尅盡全無一點化解況干乘死氣支乘子支之墓不惟主墮客計而主亦自被其愚矣又

[illegible]刑[illegible]文何[illegible]後來應

[illegible]丁丑[illegible]共用銳，攻擊城守西門將[illegible]

[illegible]占

[illegible] 丑 寅 卯 辰

[illegible]子 巳戌卯 [illegible] 巳

[illegible] [illegible]

[illegible]丑 元子亥 亥 午

[illegible]午 戊 酉 申 未

斷曰：遊都逢旺發用，[illegible]長[illegible][illegible]敵入，追於不得已而死戰也。今日干支雖旺，[illegible][illegible][illegible][illegible]之氣[illegible]休囚之氣在內，城安[illegible][illegible]深乎？嫌中傳被玄[illegible][illegible][illegible][illegible][illegible]破鑄，卯見刑冲，則爲

破印　癸丑戌為[illegible]城[illegible][illegible][illegible]又[illegible][illegible]上神[illegible][illegible][illegible]獄應在

[illegible]反[illegible]後[illegible][illegible][illegible]破[illegible][illegible]

戊[illegible][illegible][illegible]癸未將[illegible]居[illegible][illegible][illegible][illegible][illegible]先生相[illegible][illegible][illegible]

[illegible][illegible][illegible][illegible]　句申乙　[illegible]亥　子丑寅卯

[illegible][illegible][illegible]　[illegible][illegible]申　未亥卯　[illegible]　辰

[illegible][illegible]　丑[illegible]　[illegible]卯亥　[illegible]　[illegible]

龍[illegible]卯　[illegible]亥[illegible]　酉申未午

[illegible]己金兵不但不能東下且不能持久遊都在西南變生且

[illegible]甘辰遠賊符臨干支必陸飾有伏兵然乘死絕之氣且[illegible]

傳休囚災尅末傳建旺制初是守堅敵弱故知其必不東下而又不能持久也但太歲合木局以生春夏之木只令頭能堅守一支丑年巳酉丑金局破壞傳中之木卻難支吾矣

年正月乘輸

己酉正月辛巳日辛卯時榆林王總兵諱樸者其子金吾官在揚聞大同姜

總兵亂占吉凶

元首　炎上

乙午辛
勾寅午
青丑巳
玄酉丑

貴勾常
午寅戌
官財乎

辰巳午未
卯　　申
寅　　酉
丑子亥戌

[illegible]遊都居支前職將侵酉[illegible]且貴人魁子發用又合中犯
[illegible]北兵動[illegible]賊無疑初傳卯相生合末傳定主內外好[illegible]
[illegible]貴傳日墓[illegible]傳必然被賊殺將又旬遁[illegible]神臨辰[illegible]
[illegible]夏存[illegible]發界盜賊蜂起後來終於歸降[illegible]遊都
[illegible]處[illegible]於春夏死絕於秋冬又太吉日[illegible]
[illegible]受[illegible]患[illegible]計交秋冬事[illegible]歸降矣
[illegible]王諸友相晤聞胥[illegible]丁亥日[illegible]

[illegible] 貴 [illegible] 陰 戊 寅 子 [illegible]
[illegible] 陰 [illegible] 酉 [illegible]

池失危　常五亥　財鬼子　申　卯

重審　極陰　空卯丑　未午巳辰

斷曰賊自西南而來城必無虞曰遊都離日辰甚遠何以知賊之必來曰酉貴臨于癸用故知其來而自西南也曰有衆幾何曰遊都離日辰遠于上貴又空惟以正時上下合斷約有七九六千三百曰城無虞者何曰貴臨于受尅故知賊之不攻城而退也此課乃晉元帝時因毛寶叛兵屯邾城命郭相戴洋占後載之於史予初不知不意斷法竟與古事相合然純陰之課于之陰神爲都尅日主賊有理伏又支爲城上

神魁之而上神又被陰神所魁主居守不仁且欲自相攻擊又未傳生合初貴主內有暗降之人此數事皆前人未盡之秘予不惜筆之於書以授後之學者

甲申五月庚子日辛巳時高兵自黃河此來圍困揚城近半月江都令諱曰成李父師古城池安危

朱亥庚	鬼勾蛇		亥子丑寅
后寅亥	午酉子		戌卯
陰卯子	鬼兄子		酉辰
高矢	三交	白午卯	申未午巳

斷曰凶必無虞不日圍困可解蓋因干支休囚旺氣在內故

曰此城無虞格合羅網初傳魯都虎鬼月建彼兵雖凶然末傳遊都將星又係螣蛇冲尅初傳此爲以凶制凶不過虎頭蛇尾而已故曰不日圍解

甲申三月丙午日甲午時同鄉友卞孟升聞眞定被賊圍困古城池安危

知一　玄胎

六申丙
貴亥申
朱酉午
后子酉

六申財
貴亥官
玄寅父

亥子丑寅
戌　　卯
酉　　辰
申未午巳

斷曰不惟眞定內變城破即燕京亦有他虞葢因初傳財爻

內戰又乘相氣冲魁句空之末傳于支又被兩陰神所魁支又魁支上神主居民心散兵馬爲錢糧內變左右獻城弒主之象且末傳寅爲幽燕被初傳申馬冲魁燕京安能無虞鄭此日京城亦被賊所破月餘聞報余言俱驗矣

乙酉四月辛酉日丙申時左藩南侵總漕田百原恩師奉命勤王已進發矣諸將士索占吉凶

重審　進茹

虎亥辛　空子亥　常戌酉　虎亥戌

虎空龍　亥子丑　子子癸

酉　戌　亥　子
申　　　　　丑
未　　　　　寅
午　巳　辰　[illegible]

斷曰此行不吉主至半途而回何也白虎驛馬臨干雖有狐假虎威之勢賴戊土實能剋制如彼猖狂妄動定有阻塞但我兵此行中末俱空豈能前進況辛日南征爲滅沒旺方於軍不利干神臨支恐有銳卒前擾後至揚州高兵出城搶船遂與閣部商議抽兵而退

乙丑十一月戊辰日甲戌時山西司化南占得此時課持來問于看地方有事無事否

朱酉戌　子　丑　寅　卯

空丑酉　龍玄蛇　亥　辰

彈射　潤下　蛇申辰　子辰申　戌　巳

龍子申　財比子　酉申　未午

斷曰此地如何得無事蓋遊都乘螣蛇臨支定有兵戈擾攘但城中人民尚結居守糧草器械無一不備幹支生支上神建王為財且初傳子乃北方輕剽之兵必自北面來幸中傳辰上山岡所隔干上昴星作日之敗氣來兵必敗怯而退城中人民終於歸順蓋龍化為蛇不能成其大傳將三六相合末傳又生合初傳居守必然歸順曰此微地澤州也果一一如占

乙酉五月乙酉日庚辰時為避難禍終菴同盟副帥楊九苞

督舟師隨征時修書差官相召同事二人因幼見隨身閒辯

仍占一課寄之　勾申乙　子丑寅卯

元首　潤下　貴子申　亥子辰

九醜　后丑酉　申子辰　戌巳

白巳丑　官父財　酉申未午

勾貴常

斷曰南都定然歸順放心前行但防東南有兵變之虞蓋因

未傳旺相才爻生合初傳官貴且結水局生日又合中無煞

是為主者必歸順而貢降也且干支休囚則旺氣在內其城

不可拔亦無屠戮之慘辰陰見太乙白虎建旺合魁酉支因

而隄防東南兵變也後果如其占

辛未四月丙子日丁酉時萊陽遲爻師與同鄉宋氏昆弟相

召占東省地方

安否

伏吟

玄胎

玄	玄	勾	勾
子	子	巳	巳
子	子	巳	丙

比	巳	勾
財	申	蛇
父	寅	虎

巳	午	未	申
辰			酉
卯			戌
寅	丑	子	亥

斷曰東省齊分主有伏地兵將作亂兩軍敵戰盡遭傷也且

上勾陳月建破支之玄武將星尅制且乘天鬼凶煞是以有

伏地兵將屠殺破城之虞又傳將遁尅伏吟見丁馬官防叅

劾大民流亡冬月水旺時玄武得令孔耿李三將兵起破登府七州縣人民逃竄總兵張可大自縊撫巡撫逮問典刑

甲申正月丁亥日巳酉時程翔雲居廣陵報聞兵警占歲內吉凶

后戊丁	亥	子	丑寅
常丑戌	六后虎	戌	卯
昴星 癸上	虎寅亥	午戌寅	酉 辰
勾巳寅	兄子卯	申 未 午 巳	

翔雲斷曰墓神覆日虎符朝支又喪弔大傳末見歲刑白虎定有兵喪不測之處勿陳遊都大辰陰幽燕之地又見死神

陰煞是以兵戈難免且干支乘魁罡內外空虛支陰遊都刑剋
太歲于君不利日陰剋辰丙北有兵變急進之處支又剋辰
陰城東遊將兵民必生難其後賊果犯燕京城中內變而
有三月十九日之事

出行

庚寅五月庚申日丁丑時徐盟鹿占得此課問遠行攜有妻
子同往看吉凶　陰卯庚　卯　辰　巳　午
若何　六戌卯　六常蛇　寅　未
入專　絕嗣　陰卯申　戌巳子　丑　申

六戊卯　父官子　子　亥　戌　酉

斷曰男女遠行俱不得意中途被刼死於他鄉有沉溺破舟之虞盖因男于女支行人空墓之地中傳刼殺旬丁刑尅支干末傳日死加巳是陽生臨於陽絕合爲死字且壬戌加卯發用是河井相加卯受干尅主車船破壞其禍必矣近江西百餘里男女五人被盜而死

行人

乙酉七月庚子日甲申時揚州兵監道韓演式劉公組占課不言其事

龍午庚　午未申酉
六辰午　龍亥蛇巳戌
玄戌子　午辰寅辰亥
白申戌　鬼父財卯寅丑子

涉害　顧祖

斷曰勝光同天馬來意問行人過月望未龍眷屬到門庭旦然蓋因中末空亾是以月內不來過月驛馬𠃊辰故應丙辰日曰此課看功名能復舊缺否余曰顧祖中末空有初必無終龍化爲蛇例請告始得榮蓋因初龍末蛇止於兵憲龍神兒下上官不足復任月餘被劾遂問

戊辰十二月壬戌日乙巳時余在燕京江都倪子安占父何

日到京途路平安否

元首　玄胎

玄申壬　貴巳申　陰未戌　蛇辰未

貴大坐　巳寅亥　財子比

巳午未申
辰　　酉
卯　　戌
寅丑子亥

斷曰行人已抵燕界丙寅日方到但途遇馬賊刦奪益二馬見於課傳未足臨寅乃幽燕之分二陰夾陽中傳見寅故主寅日到玄武驛馬臨于遥魁庚午命神主大路有馬賊刦奪之應果寅日至平子門外雪中遇馬賊刦銀四十兩

庚寅七月丁丑日午將巳時江西吉水少司馬李梅公先生

住揚時占行人

重審 連茹

六申丁
朱酉申
玄寅丑
常卯寅

六朱蛇
申酉戌
財財子

酉 戌 亥 子
申　　　 丑
未　　　 寅
午 巳 辰 卯

斷曰行人尚未起程九月節後子丑日方能到揚曰何以遲來蓋因連茹逢空玄武刧殺入辰之陰陽主當地及交界有兵戈盜賊擾害宅中眷屬退居山水之間遲來必矣果九月公郎同親家劉左車臨揚

辛卯九月辛巳日辛卯時莊公遠在江寧占看東翁程翔雲先生何日到省

白亥辛
空子亥
貴午巳
后未午

貴后陰
午未申
鬼卯兄

酉戌亥子
申　　丑
未　　寅
午巳辰卯

斷曰

公遠斷曰行人自宅中已起程矣應于丙戌日到何也驛馬臨于貴人入辰又蒿矢為用行人速來故知其起程丙戌日者因馬臨戌地又為發用之墓絕且寅為本命午為用神與戌作三合也後果以丙戌日到

疾病

辛巳九月丁亥日辛丑時庠友張泰初爲乃第觀初占病吉

凶予遂袖傳一　后子丁　空蛇常　丑寅卯辰

課以答之　空巳子　巳戌卯　子　巳

重審　蟢卯　白辰亥　北子卯　亥　午

朱酉辰　戌酉申未

斷曰課得蟢卯占病不吉三日內必死張友不言而去竟爲

一人至占得未亥卯三傳白虎發用喪弔全逢且本空則折

病主風寒三日內死占者曰適家伯先已來占矣因不吉故

復占之張友又請仙呂純陽一下降判日數合於數吾無間言

果三日死

己卯六月己酉日戊辰時維揚翻埂子街六如齋扇店浙杭張

滄寧相命占病

蒿矢　三交

未戌巳

辰丑戌

乙子酉

亥卯子

玄空六

卯午酉

鬼父子

亥子丑寅

戊卯

酉辰

申未午巳

斷日當年病無妨何須再三詳黑馬自東來跨上往西方早

見玄空徑敎兩接命長宅上見胎喜一陰并兩陽蓋太歲癸

用作日破勾空日今無妨但嫌醫神癸用魁日主醫人用藥不當但木必爲虎鬼脾肺受病未能脫體須東南錢刘之醫平肝清心其病漸愈曰何以言玄門卯乃死我門酉爲生我先玄至長生在傳宜避初鬼就末生須向玄空之門求接命延年之術否則壬午春必有他虞矣曰有胎者何余曰支上見胎神曰三兒婦俱懷妊叅余曰試言何命曰丁未壬子甲寅余以行年推之丁未生女餘二皆男後果然濟寧壬午春死

乙酉正月己亥日

官召賢叅將盧承山盟見

占病吉凶

重審　交車

六酉寅　空亥勾　卯辰巳午
空午亥　丁丑申　寅　　未
后丑午　父兄子　丑　　申
　　　　　　　　子亥戌酉

斷曰脾土受症日今無慮蓋木爲官鬼則脾經受症矣必以平脾清心爲上切勿健脾理肺七月恐有不測之憂蓋祿臨絕地馬入墓鄉且干巳相加爲陽臨陽絕又卯臨申位是木被金離病人非宜且年帶三死剋日故斷其七月必死已而果然

辛卯二月丁未日癸卯時偶有楠姓者爲董晉侯占病

八專

六寅丁	陰酉寅	六寅未	陰酉寅

陰青貴
酉辰亥
財子鬼

卯	辰	巳	午
寅			未
丑			申
子	亥	戌	酉

斷曰此病主手足不舉全無一點生氣因日祿臨絕地驛馬投墓鄉又行年遊魂子巳相加合爲死字三傳死墓絕安能有救乎何以知病在手足不舉因卯加申戌加卯故主風癱發搐之症在何日久病應卯字卯加申申日子時死矣

乙丑十月辛亥日甲午時予往金陵成賢街會六壬王養吾

案占之課

元首　玄胎

后未辛　巳午未申

蛇勾白

牛辰未　辰　酉

巳寅亥

陰申亥　卯　戌

鬼財子

螣巳申　寅丑子亥

斷曰公爲陰人占病主胸膈不寬飲食少進曰果婦病其症若何曰傳得病玄胎又四課德鬼發用巳作閉口食神乘空依知病在胸膈不能飲食且祿臨死地何以養生且今子爻制鬼無妨恐來年初夏太歲生鬼可慮況夫占妻豈宜財空

主半路斷絃所以續終也辛日亦不宜占病因辛作亡神故
也
辛未正月戊申日巳未時同鄉親彭城衛蘇劉一純占病

勾酉戊　　　　子丑寅卯
　　　玄龍蛇
貴丑酉　　　亥　　　辰
元首　潤下　　辰申子
蛇子申　　　戌　　　巳
　　　兄子財
玄辰子　　　酉申未午

斷曰病起少陰目今無慮但綿纒難脫體耳微獨病也且防
賊至病起少陰者何但從魁臨干爲日之敗氣是因少陰而

敗身也病难脫體者何傳將合成財局生起日之官鬼也占病而言賊至者何玄武發用傳歸支上主賊入我內室也醫當如何曰木爲官鬼火作白虎心脾二經受症當覓東方之醫理肝清心切勿建脾補肺何時當愈曰甲戌流年方且不保退問愈乎緣戊日玄墓發用是爲收魂殺又純財生卯木死氣尅日故是年冬可慮果後三月一賊入室劉復來言及余乃以原數斷云賊北方道路往來陳姓年少人也作賊無伴一人耳然必告官方獲玄辰乘相氣主年少在子爲道路辰與陳姓同音玄陰生水水合一數也官鬼遥尅玄武公命

上神又制盜神必告官而後捕捉也何日可獲曰告官三日
卯獲後果然及詢其姓名則陳忠也
巳丑八月庚戌日壬午時陳惟一占揚州道臺陳公祖病

伏吟　玄胎

蛇申庚
蛇申申
玄戌戌
玄戌戌

虎蛇勾
巾寅巳
兄財官

申酉戌亥
未　　子
午　　丑
巳辰卯寅

斷曰此課不利占病丁巳日必死蓋因祿馬發用入傳申空
絕之鄉病人見驛馬乃神氣出遊之象課傳玄胎主別處殺

船之象虎鬼臨處爲畏期課傳既無天醫而末傳巳火尅日
故以是日決之
己丑八月乙未日辛巳時徽友程孝延爲同鄉鄭姓者占病

蒿矢　連茹

龍巳乙　玄陰后　酉戌亥子
空午巳　　　　　申　丑
常申未　酉戌亥　未　寅
玄酉申　鬼財父　午巳辰卯

斷曰占病不治且臨於床八九月之會是其死期乎何以知
其病之不起干支互乘絕氣課傳革故從新且二馬臨身宅

乘青龍太常謂之孝服紙錢殺也病人見驛馬又非所宜何以知其臥床因身加卯卯上爲床爲棺也何以知其死期二陰一陽中傳戌加酉位是六九交會之時果交九月節日死矣

歲占

辛巳正月乙酉日癸未時程翔雲在新安見雪寒極甚途多凍餒因有感而占

知一　亂首　不備

六酉乙
陰寅酉
陰寅酉
青未寅

龍貴虎
未子巳
財卯子

丑寅卯辰
子　　巳
亥　　午
戌酉申未

翔雲斷曰據此課象今歲天氣亢旱風大雨少田禾欠熟且有疫癘死亡之患蓋因初中風伯會巽神后空陷末傳虎乘遁鬼又因末爲田園自四課發用即田庄支界子屬稻穀亦空故知田禾欠熟又天鬼支來尅干此爲上門亂首種種凶象而況刼煞入辰三傳遁尅全無和氣凶荒之徵也後果如占

應候

己巳年十一月丁酉日庚戌時偶有扣門聲隨占一課

后戌丁　亥空六　亥　子　丑　寅

常丑戌　子卯午　戌　卯

玄子酉　官父比　酉　辰

空卯子　申　未　午　巳

高矣

斷曰來扣門者必因盜賊之事及開門時是遲王兩父師指召隨往見之坐下即云彼鄉有一舉人作亂予袖傳一課答之指日收捕無煩過慮蓋因于支上乘死墓玄鬼臨于敗地日上神又制之是以不能持久一交土旺時自休息矣又問家宅安否曰然係何命曰乙亥戊子者予云亥年驛馬貴人子年秉河魁又二貴拱夾亥命有功名而未成子乃科第中

歲俱遷居他處矣曰亥命家兄是秀才子命舍弟是舉人果
十二月爲亂者事敗家中安堵
巳丑三月乙丑日丁亥時廣儲門外普賢菴僧皺若半夜亥
時因鴉鳴占此　青卯乙　常玄陰　未申酉戌
課來問主何吉　空寅卯　子亥戌　午　亥
凶　常子丑　父父財　巳　子
重審　退茹　玄亥子　辰卯寅丑
斷曰主有賊入九人自東北來刦隣人衣物銀錢遂渡河而
去汝菴無妨也曰亥時右隣木客被刦甚因遊都賊符臨于

支右見驛馬玄武左見刦殺賊符故有此象隄防復至然五
日後必獲但子發用賊必東北而來因子加丑乃八九之數
五日獲者因勾陳居支前五辰遁鬼玄武又魁渡玄陰賊何
所逃乎果次日北關外行刦遂獲二名
巳丑六月乙未日丁亥時天寧寺半夜內外人驚江南吳一
三占此課問寻　勾子乙　日六辰　辰　巳　午　未
主何應候　貴申子　卯亥未　卯　申
元首　直曲　白卯未　寅　酉
六亥卯　鬼父財　丑　子　亥　戌

斷曰主有賊船東來無攻城破邑之虞蓋因遊都賊符臨干支自支發用故主東有賊船至初中二傳休囚末傳六陽月建故主城邑無虞巳亥日報賊自東方來水陸并進人民驚走余以申時占課三傳戌酉申為返駕初旺生末雖有奸人勾引不戰自退官兵出賊遂奔散

庚寅十月辛巳朔甲午時日有食之莊公遠占當主何應

彈射　病胎　后未辛　巳午未申

朱辰未　勾虎陰　辰　酉

勵德　勾寅巳　寅亥申　卯　戌

白亥寅　財子兄　寅丑　子亥

公違斷曰太歲作遊都臨翼軫發用且乘勾陳披刑帶煞楚地當有戰爭之象彈射有冼憂驚必重中傳虎馬居支陰冲旺日支來傳太陰拔刀乘歲破冲剋太歲然是旬空陰謀必敗又河覆井玄入穴虎出林來年定主風多澇患奈何雷公雷煞併見以作病胎氣不收斂民生多病之徵也越次日雷電大作次年水澇爲災餘占亦驗

射覆

辛巳八月甲寅日壬申時浙紹范玄同袖帨包有物件占問

何物子遂袖傳　陰亥甲　巳午未申

一課以射之　虎申亥　貴陰　辰酉

入專　陰亥寅　丑亥亥　卯戌

虎申亥　財父父　寅丑子亥

斷曰剛日發用兼日上神射之發用丑為牛其色黃兼黑亥為雙義必是黃黑二件又為日貴必貴重之物乘天醫必能醫病其數四八范大服開悅覩之是牛黃二塊每塊約重四分七入匣

庚寅五月甲申日癸酉時南京陳開子山右司花南相國問

相問彼袖中是何物件子袖傳一課以射之

涉害　顧祖

后子甲　午未申酉

龍六蛇

玄戌子　巳　戌

午辰寅

龍午申　辰　亥

子財兄

六辰午　卯寅丑子

斷曰此必文書之類化南云何以知是文書乞講一理子曰用東方朔射覆過本課三傳純陽取進甲丁卯仰視丑字陰神是亥故取亥為初傳三傳亥酉未亥主圖書又甲日文書爻果透見書一冊子曰八十四葉果然　壹天罡本課

終

大六壬神煞指南

新安程起鸞翔雲參定
古歙莊廣之公遠　著
廣陵陳良謨公猷較正

神煞全圖

凡看神煞必須干支神將刑尅其事乃發

上位圓圖一起太歲二起歲驛餘則直列於旁而歲煞備矣三起儀神四起奇神而旬煞備矣下位圓圖一起天喜二起月建三起月合四起月驛五起成神六起天馬七起聖心餘則友列於右而月煞備矣日煞列於方圖而干支煞備矣

月	正	二	三	四	五	六	七	八	九	十	十一	十二
天德	丁	坤	壬	辛	乾	甲	癸	艮	丙	乙	巽	庚
天德合	壬		丁	丙		己	戊		辛	庚		乙
月德	丙	甲	壬	庚	丙	甲	壬	庚	丙	甲	壬	庚
月德合	辛	己	丁	乙	辛	己	丁	乙	辛	己	丁	乙
天解	見圓圖內											
地解	申	申	酉	酉	戌	戌	亥	亥	午	午	未	未
解神	申	申	戌	戌	子	子	寅	寅	辰	辰	午	午
蠱殺	戌	丑	辰	未	酉	卯	子	午	寅	巳	申	亥
會神	未	戌	寅	亥	酉	子	丑	午	巳	卯	申	辰
信神	申	戌	寅	丑	亥	辰	巳	未	巳	未	申	戌
大德	午	午	午	辰	辰	辰	子	子	子	寅	寅	寅
遊神	丑	丑	丑	子	子	子	亥	亥	亥	戌	戌	戌
戲神	巳	巳	巳	子	子	子	酉	酉	酉	辰	辰	辰
泰神	丑	丑	丑	子	子	子	戌	戌	戌	亥	亥	亥
憂神	丑	丑	丑	子	子	子	戌	戌	戌	亥	亥	亥
夢神	辰	戌	丑	未	辰	戌	丑	未	辰	戌	丑	未
天赦	戊寅			甲午			戊申			甲子		

月	正	二	三	四	五	六	七	八	九	十	十一	十二
天車	巳	巳	巳	辰	辰	辰	未	未	未	酉	酉	酉
死別	戌	戌	戌	未	未	未	辰	辰	辰	丑	丑	丑
奸神	寅	寅	寅	亥	亥	亥	申	申	申	巳	巳	巳
飛禍	申	申	申	寅	寅	寅	巳	巳	巳	亥	亥	亥
時盜	巳	巳	巳	卯	卯	卯	酉	酉	酉	子	子	子
破碎	酉	巳	丑	酉	巳	丑	酉	巳	丑	酉	巳	丑
日衰	未	辰	丑	未	辰	丑	未	辰	丑	未	辰	丑
歸忌	丑	寅	子	丑	寅	子	丑	寅	子	丑	寅	子
飛廉	戌	巳	午	未	寅	卯	辰	亥	子	丑	申	酉
往亡	寅	巳	申	亥	卯	午	酉	子	辰	未	戌	丑
月刑	巳	子	辰	申	午	丑	寅	酉	未	亥	卯	戌
天賊	辰	酉	寅	未	子	巳	戌	卯	申	丑	午	亥
五鬼	午	辰	寅	酉	卯	申	丑	巳	子	亥	未	戌
相負	亥	亥	丑	丑	卯	卯	巳	巳	未	未	酉	酉
枉屈	巳	巳	未	未	酉	酉	亥	亥	丑	丑	卯	卯
死煞	巳	子	丑	寅	卯	辰	亥	午	未	申	酉	戌
門煞	戌	酉	辰	卯	戌	酉	辰	卯	戌	酉	辰	卯

(干)

干	甲	乙	丙	丁	戊	己	庚	辛	壬	癸
天旋	丑	寅	辰	巳	辰	巳	未	申	戌	亥
死符	申	申	亥	亥	寅	寅	巳	巳	辰	辰

(年)

年	子	丑	寅	卯	辰	巳	午	未	申	酉	戌	亥
歲刑	卯	戌	巳	子	辰	申	午	丑	寅	酉	未	亥
大將軍	酉	酉	子	子	子	卯	卯	卯	午	午	午	酉

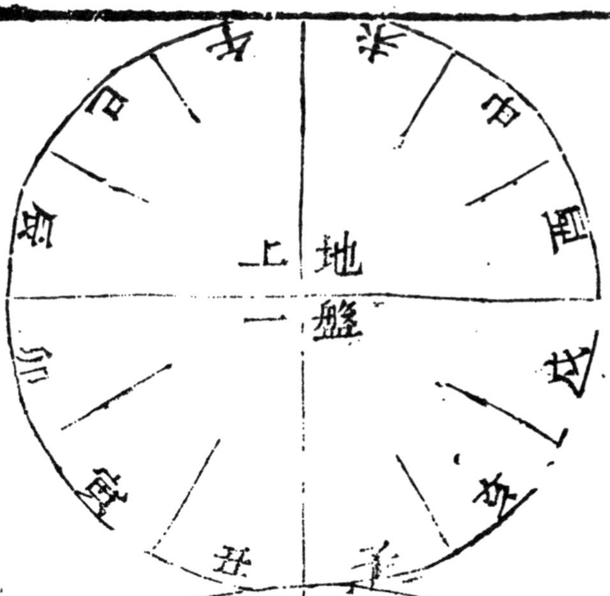

地盤上一

地盤下一

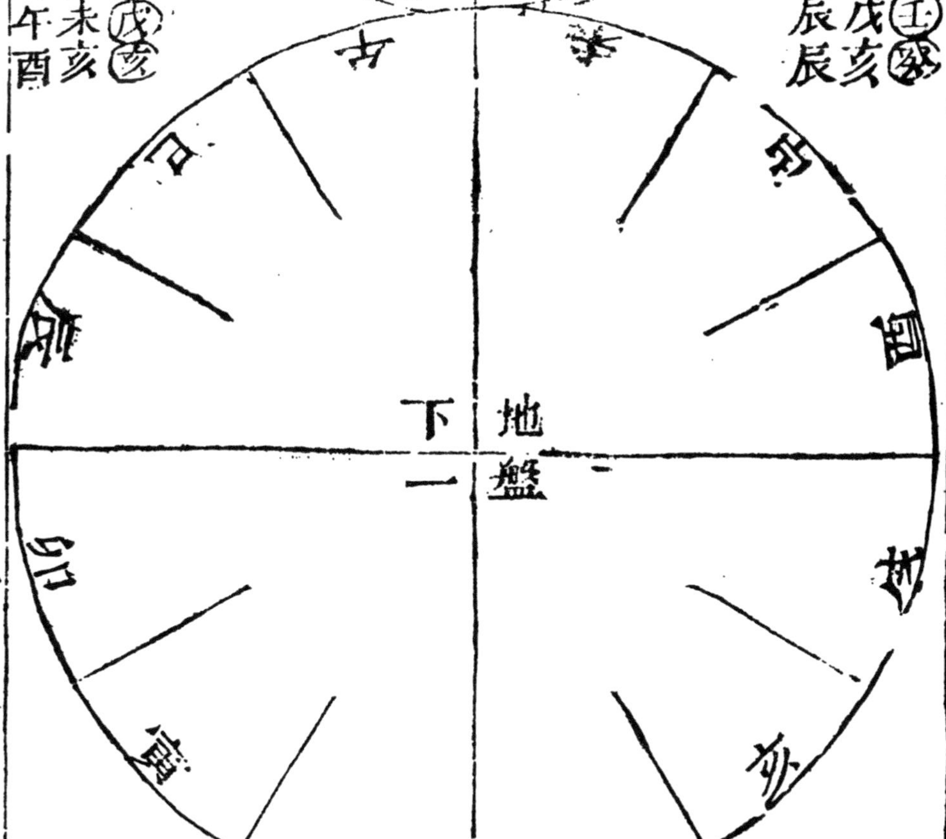

日	甲	乙	丙	丁	戊	己	庚	辛	壬	癸
干德	寅	申	巳	亥	巳	寅	申	巳	亥	巳
干合	未	申	戌	亥	丑	寅	辰	巳	未	巳
日官	酉	申	子	亥	卯	寅	午	巳	丑未	戌辰
日祿	寅	卯	巳	午	巳	午	申	酉	亥	子
長生	亥	午	寅	酉	寅	酉	巳	子	申	卯
恩赦	寅	辰	巳	未	巳	未	申	戌	亥	丑
干奇	午	巳	辰	卯	寅	丑	未	申	酉	戌
日簾	亥	申	未	丑	酉	亥	申	未	丑	酉
日醫	卯	亥	丑	未	巳	卯	亥	丑	未	巳
賢貴	丑	申	寅	寅	午	丑	申	寅	寅	午
福星	子	丑	子	子	未	未	丑	丑	巳	巳
支星	亥	亥	寅	寅	午	午	巳	巳	申	申
學堂	戌	酉	申	未	午	巳	辰	卯	寅	亥
	子	子	子	子	子	卯	卯	卯	卯	卯
進神	午	午	午	午	午	酉	酉	酉	酉	酉

日	子	丑	寅	卯	辰	巳	午	未	申	酉	戌	亥
支德	巳	午	未	申	酉	戌	亥	子	丑	寅	卯	辰
六合	丑	子	亥	戌	酉	申	未	午	巳	辰	卯	寅
	申	巳	午	亥	申	酉	寅	亥	子	巳	寅	卯
三合	辰	酉	戌	未	子	丑	戌	卯	辰	丑	午	未
支儀	午	巳	辰	卯	寅	丑	未	申	酉	戌	亥	子
支破	酉	辰	亥	午	丑	申	卯	戌	巳	子	未	寅
破碎	巳	丑	酉	巳	丑	酉	巳	丑	酉	巳	丑	酉
六害	未	午	巳	辰	卯	寅	丑	子	亥	戌	酉	申
三刑	卯	戌	巳	子	辰	申	午	丑	寅	酉	未	亥
支冲	午	未	申	酉	戌	亥	子	丑	寅	卯	辰	巳
支鬼	戌辰	卯	申	酉	寅	亥	子	卯	午	巳	寅	丑
支墓	辰	辰	未	未	辰	戌	戌	辰	丑	丑	辰	辰
死神	卯	辰	巳	午	未	申	酉	戌	亥	子	丑	寅

丑丑丑丑丑辰辰辰辰辰

退神　未未未未未戌戌戌戌戌

日鬼　申酉亥子寅卯巳午戌辰未丑

日墓　未戌戌丑戌丑丑辰辰未

日刑　巳辰申丑申丑寅未亥戌

日冲　申戌亥丑亥丑寅辰巳未

飛符　巳辰卯寅丑午未申酉戌

羊刃　卯辰午未午未酉戌子丑

飛刃　酉戌子丑子丑卯辰午未

昇煞　亥亥未未戌戌寅寅巳巳

遊都　丑子寅巳申丑子寅巳申

魯都　未午申亥寅未午申亥寅

日賊　辰午申亥寅辰午申亥寅

日盜　子亥卯申巳子亥卯申巳

日奸　亥酉辰申巳亥酉辰申巳

日淫　午午未未戌戌寅寅巳巳

病符　亥子丑寅卯辰巳午未申酉戌

勾神　卯戌巳子未寅酉辰亥午丑申

絞神　酉辰亥午丑申卯戌巳子未寅

驛馬　寅亥申巳寅亥申巳寅亥申巳

華蓋　辰丑戌未辰丑戌未辰丑戌未

劫煞　巳寅亥申巳寅亥申巳寅亥申

災煞　午卯子酉午卯子酉午卯子酉

四煞　未辰丑戌未辰丑戌未辰丑戌

咸池　酉午卯子酉午卯子酉午卯子

支亾　亥申巳寅亥申巳寅亥申巳寅

雷電　辰辰未未戌戌丑丑寅寅卯卯

雨師　申酉戌亥子丑寅卯辰巳午未

晴朗　午未申酉戌亥子丑寅卯辰巳

梟驝　酉未巳卯丑亥酉未巳卯丑亥

歲煞

歲君㊀陽趕㊁及喪門㊂太歲為天子之權主事于朝廷及歲內吉凶應在一年○太陽至尊之神主人得權貴顯又為青龍凡事有喜無憂又為趕煞若魁十歧死人敗家○喪門主死喪古病凶

六合㊃官符㊄小耗宅㊅六合主合會合凡事有成無破○官符主官非勾連○小耗主破耗財物又為歲宅古家宅用之若併鬼主災病訟

破迫㊆墓龍㊇白虎神㊈歲破為宰轄主司又主半年事又為大耗主破耗財物又為迫煞若尅干支死人敗家○歲墓主墳墓病訟宅災又為龍德加吉神將生干干支功名諸事吉及此諸事不成又為朱雀主文書口舌○白虎主凶災血光驚恐

福德㊉弔陰⑪病符⑫福德貴人難中有救○吊客主吊送姻親初傳見主骨肉災中未見主外服又為太陰大將宜居之方作吉神將主婚姻作內神將主陰謀口舌○病符主疾病又主去年舊事

驛馬㊀六害㊁華蓋旛㊂驛馬主行動○六害凡事阻滯○華蓋作事昏晦黃幡兵占用

劫煞㊃災煞㊄天歲看㊅三煞凶速諸占不喜

地煞㊆桃花㊇兼豹尾㊈三位諸占不喜○豹尾大將宜居之方

亡神㊉將星(十一)迄攀鞍(十二)亡神病訟大凶○將星兵占用○攀鞍婚姻喜見

以土二輪載圓圖内

歲干祿後號天庭死符申亥寅巳辰歲刑太歲所刑者亥子丑順酉將軍天庭主朝廷事○死符占病多凶○歲刑主官非刑責○大將軍主頭領兵權又占行人用之

以上四位載直圖內

月煞

春	夏	秋	冬
戌	亥	子	丑
丑	寅	卯	辰
辰	巳	午	未
未	申	酉	戌

春	夏	秋	冬
寅	卯		
巳	午		
申	酉		
亥	子		

春戌夏丑喜耳加　天喜主喜慶恩澤官遷財喜○天耳主信息察探追捕

秋辰冬未順無差

返魂俱是刀砧煞　第二位與第三位同○返魂病復生○刀砧六畜忌

寡宿三垃闗管家　寡宿信虛憂喜無成失物亾○婚娶忌○三垃墳崩病凶○

闗神動處身災滯○管神訟遭禁

拜命皇書雄吏至　皇書主拜命功名詞訟喜之○戰雄戰勝○吏神併吉神

吉并朱勾蛇追呼速

賊神奸盜轉絲麻　賊神奸盜主奸私賊盜○旺速天子爲天轉春乙卯夏丙

午秋辛酉冬壬子畢連納音爲地轉春辛卯
夏戊午秋癸酉冬丙子百事凶出行大忌君
子赴朝則可○絲麻煞主縊絞

辰未戌丑	浴盆天目龍神位
巳申亥寅	喝散孤辰梁鑰查
午酉子卯	火鬼傷支蛇雀忌
未戌丑辰	哭神五墓獄爲嗟
申亥寅巳	煞神絕烝戰雌敗
酉子卯午	四廢無成即喪車

浴盆隍水病凶產吉地盤忌亥子天盤忌乘辰主小兒病
死○天目主鬼祟宜捕盜尋人○龍神占地

喝散訟解散求事成○孤辰占同寡宿○梁神行人阻○鑰神因釋

火鬼乘蛇雀剋支主火厄

哭神作虎有哭聲亥子上見爲哭神下淚大凶○五墓墳崩病凶○地獄併朱勾主因繫

煞神絕烝病凶○戰雌戰敗

四廢百事無成○喪車剋日病死

正起順行

寅順十二　月建小時龍虎木
月建主月內休咎應在一月○小時煞主阻滯忌行師蛀加驚恐○龍加爲青龍煞吉○天虎虎狠害○木煞主樹木怪

卯順十二　天龍遊煞草蛇伏
天龍利求名祿○遊煞忌出行入傳年命主行動○蛇加爲草煞

辰順十二　天醫雌虎瘟天巫
天醫病用○雌虎虎狠害○瘟煞主疫○天巫宜作福

巳順十二　厄杖死神雷鳥燭
厄煞家事損○孝杖忌見于孫傳內○死神病凶若併虎名白虎弔尸大凶○雷煞有電○朱加爲鳥煞○火燭併蛇雀魁日身災魁辰宅變

午順十二　死炁官符孝謾花
死炁病產最忌○官符有官事○孝服有孝○謾語所天空言不實○米加爲花煞

未順十二　井枯小耗印綬福

井煞併虎鬼害主落井○枯看病凶諸事不利○大小耗忌開庫求財入宅加墓為用百不利○天印利仕進○天乎占年○福神吉利

申順十二　破兵虎耗路陽纏

月破主破壞離散則可解免
憂喜不成產易生婚娶忌○
兵煞主兵事○虎加為白虎煞凶○大耗見
前○道路神主道路事○陽年占為纏繞病

酉順十二　書信天機錢聚卜　訟忌

書信併雀有信併門併貴有
來音○天機主口舌是非○
天錢主錢怪或有錢堆積

戌順十一　戌順天書愿地醫

天書有遷財喜○愿神占病
有愿未還○地醫病用

亥順十二　飛魂伏語病兒哭

飛魂臨年命或日辰發用為
飛魂卦主神魂不定夜多凶
夢鬼祟相侵○伏達諸占皆忌○天詔並二
馬受恩○病煞恩同墓虎○兒煞小兒災○

子順十二　生炁子正雨煞來　生炁解凶增吉成就新事乘后合有孕乘龍財婚○雨煞加旺相有雨

哭忌有哭聲

丑順十二　支坑佛煞牛墳墓　血支主血光產孕病忌針灸○天坑忌出行主損蹄輪○佛煞主佛像事○天牛加六可牛怪病○墳墓加宅有尸未葬

正起逆行

亥逆十二　神猪月合方　神煞主神像事○天猪加六丁猪怪病○月合有吉慶

子逆十二　鼠視捕追良　天鼠主鼠耗○天視之下可捕賊

丑逆十二　天怪占天變　天怪主天變

寅逆十二　風煞卜風颺　風煞有風

卯逆十二　憂焚看燭命

燭命防火

辰逆十二　非灾對血光

厭對忌婚娶○血光有血灾

巳逆十二　月害陰空竹

月害忌婚醫納財畜○陰煞主陰人口舌病凶○空加爲竹煞

午逆十二　破化地呪防

破器主破器爲怪病忌○化神孽消化不喜見之○地呪主呪詛

未逆十二　陰奸邪床卯

陰奸主私通○邪神有邪氣○卯加爲床煞

申逆十二　繞猴風解詳

陰年占爲纏繞病訟忌○天猴忌出行主損蹄輪○風伯有風○天

解化凶爲吉

酉逆十二　軒轅天雞折

軒轅主兵戈○天雞主信息行人至○折傷六畜走失忌見

戌逆十二　狗足厭石光

天狗孕產不宜○四足主四足怪○月厭妨嫁娶爲用百事不成加

玄盜賊加蛇怪夢加虎尅日病死加朱勾憂

禁逃者忌向此方○石煞主石怪○火光併
蛇雀刑尅日身災尅辰宅燬

巽卒壬坐

申巳寅亥　正申驛馬孟神逆
馬臨初傳又逢生旺人至行
利名吉中傳稍遲末又稍遲
其吉凶決于天將

酉午卯子　兕吏長繩天呪撥
天鬼臨年命日辰發用為伏
殃卦主兵凶產死病患○天
吏占同吏神○長繩見鬼有縊死鬼○天呪
主呪詛

戌未辰丑　光影黃幡火怪神
光影火怪主火光鬼怪○黃
幡郎華蓋覆日人昏暗

亥申巳寅　獄門酒綱女雷刦
天獄併朱勾主囚繫○墓門
主擯動○酉加爲酒煞○天
綱宜捕獵○女災陰人病○雷煞占同雷公
○刦煞有刦盜病凶災速諸占不喜士人應
娶作魁

子酉午卯　坎魁災煞鏡披麻　坑坎煞主坑坎怪○山鬼主山怪○災煞凶速諸占不宜○鏡煞主鏡怪○披麻煞主孝服

丑戌未辰　五盜小天迷惑月　五盜主盜○小煞小口災○天煞凶速○迷惑煞主痴迷○失記○月煞忌移造病患

寅亥申巳　天盜雷公正逆寅　天盜主盜○雷公併后除雨併貴空晴併蛇雀雷電併常勾不定

卯子酉午　桃池懸索大時煞　桃花咸池主淫亂口舌○懸索見鬼有縊死鬼占賊必月屋而下○大時煞忌出行兵捕必獲

辰丑戌未　正辰邪鬼逆三輪　邪鬼有遊災

巳寅亥申　月德亡神遊禍說　月德化凶為吉○亡神防失○遊禍動有災禍

午卯子酉　大煞午正伏骨同　大煞災迷家長凶君子加官小人凶事○伏骨病凶

未辰丑戌　下喪月鬼穢喪魄　下喪主下人服○月鬼病訟凶○穢煞主污穢物○喪魄臨年命日辰發用為喪魄封主病死若併虎健人亦衰

（乾）（辛）（壬）（坐）

巳申亥寅　驛合旺成梯　天旺官遷進○成神旺相生合作事成○卯加為梯煞

午酉子卯　病占天破空　天破病占

未戌丑辰　爐煞喪門獄　香爐煞主香爐怪○喪門病忌○獄神訟忌

申亥寅巳　奸門申訴移　奸門主奸淫

酉子卯午　酉順占天信　天信主信息

戌丑辰未　戌正反激為　反激怨仇五報

亥寅巳申　陽煞亥輪孟　陽煞主陽人口舌

子卯午酉　邪怪火雨師　邪督陰災○天火忌同蚩雀○雨師加旺相有雨

丑辰未戌　月奸丑順季　月奸陰私內亂

寅巳申亥　釜產厠奸私　釜神主鍋叫○產煞見后陰立應見勾虎產難○天厠主尊卑不正○奸私主曖昧

卯午酉子　盜神卯順仲　盜神防盜

辰未戌丑　天械上喪詩　天械官事凶○上喪主上人服○以上五章俱依欠順行十二支位

(毛)(六)(元)(學)(至)(室)

午申戌子寅辰
未酉亥丑卯巳　午未天馬受皇恩　天馬正七起午主朝廷即信之喜加大煞尤速宜占遷動更改事見傳送白虎必動若

䞇日主失脫○皇恩正七起未主詔命
遷轉之喜

辰午申戌子寅　天門正七辰陽遵　宜求財

寅辰午申戌子
卯巳未酉亥丑　天刑怪煞先寅卯　天刑起寅憂四繫○怪煞起卯有凶事

戌子寅辰午申　獸煞戌宮以例論　主走獸

(正)(二)(三)(四)(五)(六)(七)(八)(九)(十)(十一)(十二)

亥巳子午丑未寅申卯酉辰戌　聖心正月起亥宮　和合宜神最宜

卯酉辰戌巳亥午子未丑申寅　驛月順行雙月沖　管進

王字卯正依例取　二神更貴　主

辰戌巳•亥午子未丑申寅酉卯　金堂辰上亦正逢　有貴

戌辰亥巳子午丑未寅申卯酉
午子未丑申寅酉卯戌辰亥巳
丑未寅申卯酉辰戌巳亥午子

受死戌正行鬪忌一切大凶
午正罪至訟招凶古訟忌之
丑正血忌毋針灸血灸難雖

單順雙冲法亦同

以上七輪載圓圖內

天德正丁官二坤三壬同辛乾甲癸艮丙乙巽庚從月德逆行孟丙甲壬庚詢二德合俱良凶消而福進天德百福助祿之神月德五行生炁之神天德合月德合子神五合者是俱改禍成福

天解正申逆十二地解申申酉酉亥戌亥午未相重臨申申

順陽解神是憂喜無成諸惡逢灾消滅

皇恩大赦戌丑罡未酉卯兮子午當寅巳申亥是其方

會神春占未戌寅亥酉子爲夏月神丑午巳兮卯申辰婚成行至

信神正二居申戌寅丑亥辰半年率巳未巳未還申戌主有恩信

壬占須識四時神天德午辰迄子寅天赦戌寅夏甲午戌申

甲子秋冬云遊神丑子亥兼戌巳子酉辰戲視臨丑子戌亥

憂泰決巳辰未酉天車驚春戌逆回爲死別春寅退孟是奸

神申寅巳亥爲飛禍巳卯酉子時盜尋此十一位以四時例起之○天德官遷來望大吉○天赦災散百事吉○遊戲二神加孟行人未來加仲在途加季即至○泰憂二神加季信實加孟信虛旺相信實空亾信虛○天車忌出行主車敗馬亾兵覆○死別不利四季○奸神併合后主淫○飛禍所爲皆忌○時

盜主有盜賊

金神破碎雞蛇牛未辰丑上白衣愁歸忌丑寅子便休此三位以孟仲季例起之○金神破碎即紅沙財損病不利凶速占墳弁空子孫敗絕凡物破損不完○白衣煞忌加子孫六親上○歸忌家神爲祟忌出行還家

飛廉起戌巳午未寅卯辰兮此法最亥子丑兮申酉畏求事迅速行人立至及非常不測事凶速

正寅五卯九天罡隔二順行小往亡單行還要惡爲殃百事不利

產婚官病月刑忌巳子辰申午丑值寅酉未亥卯戌記乃月建所刑之位也諸占不吉

滿破開兮天賊逮辰酉寅未子巳在戌卯申兮丑午亥舉動招盜

五鬼之星忌出行午辰寅共酉卯申丑巳守亥未戌尋出行大凶

正二登明三四丑依例順陰人相負寃枉屈猜冲位有相負殺被
人負枉屈殺有寃枉

陽日死殺陰冲出正巳子丑寅卯辰七亥午未申酉戌此陽日之
死殺也陰日干冲位取之

正五九父三合輪戌酉辰卯殺曰門辰戌丑未夢神論此二位以
正五九例起之○門殺主門戶事○夢神主夢寐事
以上諸殺藏方圓內

旬殺

丑子亥爲日月星甲旬之內三奇名六儀用起旬中甲二者
解凶化吉神子戌二旬丑奇申午三旬子奇辰寅二旬亥奇
此旬奇也外有遁奇三傳全值甲戊庚或乙丙
丁者是○旬甲即旬儀也○奇儀發用或入傳爲三奇六

儀之卦逢凶化吉惟儀尅行年凶

旬乙盜神庚响動丁神動處六親詳旬辛便是五亡煞癸閉空爲孤寡方

旬乙爲盜神主盜賊○旬庚爲响動官病忌○旬丁須視六親如壬癸日見丁爲財因子動而有財之劍○旬辛爲五亡七煞出逢盜賊若值玄主走失○旬癸爲閉口主機關莫測病不食人不言○空亡十干不到之地也主失脱憂喜不成凡凶神將喜空吉神將忌空

以上九位載圓圖内

干煞

陽德自居陰在合尅偏爲鬼正爲官長生順逆宜詳取祿墓須敎此處看

天月干支四德爲百福祐助之神臨日入傳轉凶爲吉干德尤良俱宜生旺不宜休囚忌逢空

將空及神將外戰○干合者甲巳中正合乙庚仁義合丙

辛威制合丁壬淫泆合戊癸無情合凡合以干合爲主支
合次之行合又次之凡德合同入傳百事皆吉若乘凶神
全無吉助則反凶矣○晝鬼主公訟是非夜鬼主祗妖
祟凡鬼戀生受制陷空皆不能爲害若鬼空無制則大凶
○日官勿空喜○長生諸事吉○日祿主食祿事延○墓主
暗昧不通辰未爲日墓主剛速戌丑爲夜墓主柔延凡墓
逢沖則吉逢合則凶若年命上神能沖制亦可救○廣按
火生寅金生巳水生亥水土生申有順無逆此五行長生
也甲生亥乙生午丙戊生寅丁巳生酉庚生巳辛生子壬
生申癸生卯陽順陰逆此十干長生也五行家土寄于坤
故土行與水行同也六壬家丙戊同官丁巳同官故上寄
與火于同也土于既與火于同位而復襲水行之生敗墓
絕可乎且論官郎祿順逆得之既爲壬式所用而墓絕等
須何獨不然今改正如前圖內

干奇 甲日午行逆庚日還于亥順行 飛符 甲日巳逆轉巳日

[illegible]正干奇消禍增吉○飛符百事勿舉出行忌走避
[illegible]征出人不可抵向如日德入傳凶中生吉若併朱

凶凶兇甚

遊都午鼠虎蛇猴遊都冲處魯都求亥申未丑酉日解卯亥

丑未巳醫流遊都主逢盜賊加大煞來速占賊來路出行忌

之○魯都不可漏稅占賊去路出行忌之○日

解解凶○日醫病用

亥酉辰申巳奸言子亥卯申巳盜伍日賊辰午申亥寅貿貫

丑申寅寅午奸淫盜賊俱不吉○貿貴立天門其人可傳道

○二章以甲巳同倒起之

大煞亥未戌寅巳日淫午未戌寅巳文星亥寅午巳申兩兩

日下大煞凡事忌○文星併龍加于大貴○此

言之此法是章以甲乙同倒起之

甲乙福星子丑取子未丑巳雙雙語刑刑冲支位寄官論癸干

福星求望吉○刑主人情不美○沖主返覆不

亥逆兼務舉寧○舉主兼務官職雙行

恩赦之星本十干祿前羊刃對飛安進神子午卯兼酉丑未戌辰退莫難恩赦吉占○羊刃靜吉動凶又主血光○飛刃血光凶事○進神凡事不可退退則可惜○退神凡事不可進進則多阻

以上于煞載方圖上列

支煞

支德解凶巳順支六三合事有成期支儀子日午行逆午日未宮又順之支德解凶增吉○支合者寅合亥破亥合寅就卯合戌新戌合卯舊辰合酉合酉合辰離巳合申刑申合巳疑午合未虛未合午晦丑合子空子合丑實○行合者亥卯未繁冗駁雜巳酉丑矯華離異寅午戌黨侶不正申子辰流動無滯○凡合臨日入傳和合成就惟不宜占病訟又當視其進退傳進利進傳退利退○支儀解凶增吉

酉子卯午門戸敗丑辰未戌墻墳壞亥寅申巳破終欣雞孟

蛇中季牛碎支破人情暗中不順事多中敗不完全宜散凶

不宜成吉〇破碎見月煞内

寅巳巳申申刑寅丑戌戌未未丑尋子刑卯上卯刑子辰午

酉亥自相刑寅刑巳官災動阻事復起巳刑申仇將恩報事

終成申刑寅人鬼相殘各不寧丑刑戌尊傷卑

賤憂因枉皮刑未少凌長上妻財畏未刑丑大小不和喪

孝有子刑卯門戸敗淫尊卑攪卯刑子水路不通子不執

自刑自逞其才妄改更

穿心六害暗相傷對位支冲散事良戌火丑金未墓未辰墳

六害暗相傷兢子加未官非口舌未加子阻塞

水土順支詳有殃丑加午官病不睦午加丑不就不明巳加

寅口舌疑阻寅加巳進滯退良申加亥先得後阻亥加申

謀事不長卯辰相加虚詐爭財有阻酉戌兩害病凶陰小

逃亡〇支冲子午道路奔馳卯酉門戸改易寅申人鬼傷

陽魁陽兮陰魁陰明傷支鬼宅中侵死神卯順病符亥殺郎

破兮勾對神　支鬼明相傷魁○死神病凶○病符主疾病○勾殺二神俱主纏絞

雨師申順滂沱落晴朗午官日影灼辰未戌丑寅卯排雙雙

雷電空中作　申爲水母故雨師起焉此與月煞不同○三位占天時用

驛馬諸神同歲月白衣入翰情欣悅從魁逆轉六陰方莊氏

圖歌掌內訣　驛馬等詳見歲月煞內○白衣入翰林天下吉

編號	書名	作者	備註
32	命學探驪集	【民國】張巢雲	發前人所未發 稀見民初子平命理著作
33	澹園命談	【民國】高澹園	
34	算命一讀通——鴻福齊天	【民國】不空居士、覺先居士合纂	
35	子平玄理	【民國】施惕君	
36	星命風水秘傳百日通	心一堂編	
37	命理大四字金前定	題【晉】鬼谷子王詡	源自元代算命術
38	命理斷語義理源深	心一堂編	稀見清代批命斷語及活套
39-40	文武星案	【明】陸位	失傳四百年《張果星宗》姊妹篇 千多星盤命例 研究命學必備
相術類			
41	新相人學講義	【民國】楊叔和	失傳民初白話文相術書
42	手相學淺說	【民國】黃龍	民初中西結合手相學經典
43	大清相法	心一堂編	重現失傳經典相書
44	相法易知	心一堂編	
45	相法秘傳百日通	心一堂編	
堪輿類			
46	靈城精義箋	【清】沈竹礽	沈氏玄空遺珍 玄空風水必讀
47	地理辨正抉要	【清】沈竹礽	
48	《玄空古義四種通釋》《地理疑義答問》合刊	沈瓞民	
49	《沈氏玄空吹虀室雜存》《玄空捷訣》合刊	【民國】申聽禪	
50	漢鏡齋堪輿小識	【民國】查國珍、沈瓞民	
51	堪輿一覽	【清】孫竹田	失傳已久的無常派玄空經典
52	章仲山挨星秘訣（修定版）	【清】章仲山	章仲山無常派玄空珍秘 門內秘本首次公開 沈竹礽等大師尋覓一生末得之珍本！
53	臨穴指南	【清】章仲山	
54	章仲山宅案附無常派玄空秘要	心一堂編	
55	地理辨正補	【清】朱小鶴	玄空六派蘇州派代表作
56	陽宅覺元氏新書	【清】元祝垚	簡易・有效・神驗之玄空陽宅法
57	地學鐵骨秘　附　吳師青藏命理大易數	【民國】吳師青	釋玄空廣東派地學之秘
58-61	四秘全書十二種（清刻原本）	【清】尹一勺	玄空湘楚派經典本來面目 有別於錯誤極多的坊本

91	地學形勢摘要	心一堂編	形家秘鈔珍本
92	《平洋地理入門》《巒頭圖解》合刊	【清】盧崇台	平洋水法、形家秘本
93	《鑒水極玄經》《秘授水法》合刊	【唐】司馬頭陀、【清】鮑湘襟	千古之秘，不可妄傳匪人
94	平洋地理闡秘	心一堂編	雲間三元平洋形法秘鈔珍本
95	地經圖說	【清】余九皋	形勢理氣、精繪圖文
96	司馬頭陀地鉗	【唐】司馬頭陀	流傳極稀《地鉗》
97	欽天監地理醒世切要辨論	【清】欽天監	公開清代皇室御用風水真本
三式類			
98-99	大六壬尋源二種	【清】張純照	六壬入門、占課指南
100	六壬教科六壬鑰	【民國】蔣問天	由淺入深，首尾悉備
101	壬課總訣	心一堂編	過去術家不外傳的珍稀六壬術秘鈔本
102	六壬秘斷	心一堂編	
103	大六壬類闡	心一堂編	
104	六壬秘笈——韋千里占卜講義	【民國】韋千里	六壬入門必備
105	壬學述古	【民國】曹仁麟	依法占之，「無不神驗」
106	奇門揭要	心一堂編	集「法奇門」、「術奇門」精要
107	奇門行軍要略	【清】劉文瀾	條理清晰、簡明易用
108	奇門大宗直旨	劉毗	天下孤本 首次公開 虛白廬藏本《秘藏遁甲天機》
109	奇門三奇干支神應	馮繼明	
110	奇門仙機	題【漢】張子房	奇門不傳之秘 應驗如神
111	奇門心法秘纂	題【漢】韓信（淮陰侯）	
112	奇門廬中闡秘	題【三國】諸葛武侯註	
選擇類			
113-114	儀度六壬選日要訣	【清】張九儀	清初三合風水名家張九儀擇日秘傳
115	天元選擇辨正	【清】一園主人	釋蔣大鴻天元選擇法
其他類			
116	述卜筮星相學	【民國】袁樹珊	民初二大命理家南袁北韋
117-120	中國歷代卜人傳	【民國】袁樹珊	南袁之術數經典